投資理財仿真教材
含中國案例

許曉靜 編著

前 言

　　理財能力是財商教育的核心內容，是當代青年必備技能。國內外有不少投資理財的教材，為我們提供了全面的理論知識體系。隨著科技發展和金融創新，國內外金融環境、金融產品也在不斷更新，個人投資理財涉及的內容也發生了較大變化。為了使投資理財理論與實務發展相結合，適應信息化時代教育教學的新規律，培養應用型、複合型、創新型、國際化人才，我們編寫了以實踐教學為重點，訓練學生理財技能的實訓教材。

　　投資理財仿真實訓課程是理論知識和實際技能的結合。它融合了經濟學、金融學、管理學、會計學、統計學、投資學等多門課程知識，應用性、操作性很強。本教材結合虛擬仿真實驗教學的方法和手段，構建了以基礎實訓、模擬實訓、綜合實訓為主的教學結構，以深圳智盛信息技術股份有限公司開發的個人理財（專業版）系統為教學軟件，設計了八個實訓項目，強化理財規劃能力培養的實踐教學，為學生提供一個模擬仿真的實驗教學環境。本教材深入淺出，理論與實踐結合，引入案例和學生實驗報告，不僅適合高等院校財經類專業的實踐教學，也可供其他專業學生和社會人員自學之用。

目　錄

第一篇　基礎實訓篇

實訓一　理財規劃基礎　／ 003
　　實訓目的與要求　／ 003
　　實訓準備知識　／ 003
　　實訓內容　／ 009
　　實訓步驟　／ 010
　　實訓思考　／ 013

實訓二　家庭財務管理　／ 014
　　實訓目的與要求　／ 014
　　實訓準備知識　／ 014
　　實訓內容　／ 019
　　實訓步驟　／ 019
　　實訓思考　／ 023

實訓三　現金理財與消費規劃　／ 024
　　實訓目的與要求　／ 024
　　實訓準備知識　／ 024
　　實訓內容　／ 033
　　實訓步驟　／ 033
　　實訓思考　／ 037

第二篇　模擬實訓篇

實訓四　金融工具模擬投資　／ 041
　　實訓目的與要求　／ 041

實訓準備知識　　／041

　　實訓內容　／073

　　實訓步驟　／073

　　實訓思考　／075

實訓五　家庭風險管理　／076

　　實訓目的與要求　　／076

　　實訓準備知識　　／076

　　實訓內容　／082

　　實訓步驟　／082

　　實訓思考　／083

第三篇　綜合實訓篇

實訓六　宏觀經濟分析與投資理財　／087

　　實訓目的與要求　　／087

　　實訓準備知識　　／087

　　實訓內容　／094

　　實訓步驟　／094

　　實訓思考　／096

實訓七　理財規劃與投資綜合設計　／097

　　實訓目的與要求　　／097

　　實訓內容　／097

　　實訓步驟　／097

　　實訓思考　／127

實訓八　財商訓練互聯網微信虛擬仿真實驗　/ 128

　　實訓目的與要求　/ 128

　　實訓數據　/ 128

　　實訓內容　/ 129

　　實訓步驟　/ 130

　　實訓思考　/ 147

第四篇　案例應用篇

案例　宏觀經濟變量對中國股市波動的影響　/ 151

第五篇　實驗報告匯編

金融工具模擬投資實驗報告　/ 161

理財規劃與投資模擬綜合設計一　/ 161

理財規劃與投資模擬綜合設計二　/ 161

理財規劃與投資模擬綜合設計三　/ 161

參考文獻　/ 162

第一篇

基礎實訓篇

實訓一　理財規劃基礎

【實訓目的與要求】

1. 理解投資理財及理財規劃的內涵。
2. 掌握投資理財規劃主要內容。
3. 掌握投資理財規劃主要流程。
4. 熟練運用投資理財基本原理。
5. 理解資金的時間價值。
6. 掌握利用 Excel 計算資金的時間價值。

【實訓準備知識】

一、投資理財的內涵

市場經濟中，個人家庭財富也像經濟資源一樣，相對於人們的慾望是有限的。投資理財既是一項金融服務，也是個人理財能力。理財能力即財商是作為經濟人的生存能力，與智商、情商並列成為現代社會三大必備素質。從理財的過程來講，投資理財是通過收集和整理個人或家庭的財務數據，分析財務狀況，根據人生階段、風險偏好等情況，設計財務管理規劃方案的過程。投資理財的核心在於根據人生不同階段的財務需求，利用金融工具合理配置資產，實現個人或家庭財富的保值和增值。

二、投資理財的主要內容和程序

（一）投資理財的主要內容

投資理財主要包括了現金理財、消費支出理財、金融工具理財、保險理財、教育理財、退休期理財等內容。

1. 現金理財

現金理財就是既要擁有的資產保持良好的流動性，滿足個人或家庭支付日常費用的需要，又要流動性較強的資產保持一定的收益。它有助於讓資金既能滿足家庭的生活需要，又能滿足儲蓄的計劃。

2. 消費支出理財

家庭消費支出包括住房支出、汽車消費支出、信用卡消費支出等內容。家庭消費支出理財的目的是要樹立正確的消費觀念，合理安排消費資金，利用消費信貸提前實現財富夢想。

3. 金融工具理財

金融工具理財是通過在金融市場上選擇證券類投資工具，合理配置投資比例，綜合運用各種技術進行分析。目前在中國市場上可用的金融工具主要有股票、債券、外匯、黃金、期貨等。

4. 保險理財

保險理財是從家庭人身和財產可能遭遇的各種風險及其影響考慮，選擇合適的保險品種期限及保險金額，以避免風險發生時給個人或家庭生活帶來衝擊，讓個人及其家庭盡可能獲得最大的安全保障，從而提高客戶的生活質量。

5. 教育理財

教育理財是通過分析子女的教育目標和子女年齡，估算為達成其子女的教育目標所需的費用，進而計算既定的教育目標的教育金缺口，以及怎樣通過儲蓄和投資彌補教育金的缺口。

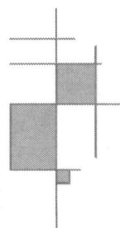

6. 退休期理財

退休期理財是通過估算退休後的支出或生活需求，並估算退休後的收入，進一步估算退休金缺口，制訂退休規劃，通過儲蓄投資或保險籌集資金以彌補退休金缺口，滿足退休後漫長生活的支出需求，做到老有所養，老有所終。

(二) 投資理財的主要程序

投資理財的主要程序：

1. 收集和整理家庭財務信息

收集和整理家庭財務信息包括客戶個人或其家庭基本情況，如客戶個人的收入支出、資產負債、投資等方面的信息與家庭收支狀況、資產狀況、投資狀況與預測等方面的信息。這些是進行投資理財的基礎和依據。

2. 根據性別、年齡、投資偏好、風險偏好等信息，測試個人投資風險承受能力

這項內容與收集和整理家庭財務信息都是投資理財的前期準備工作。

3. 編製家庭財務報表，分析財務狀況

這是投資理財的重要環節。個人或家庭財務管理主要是收集一定時期內收入和支出的項目和金額，並加以整理，在此基礎上編製個人或家庭的現金流量表；收集資產和負債的項目和金額，並加以整理，在此基礎上編製個人或家庭的資產負債表；通過現金流量表和資產負債表，分析當前財務狀況，找出財務問題。

4. 明確投資理財目標

根據人生階段、職業規劃、收入水準、風險承受能力等設定合理的投資比例配置和理財期望。

5. 設計投資理財方案

該方案包括如何解決現有的財務問題，並設計好以現金理財、消費理財、金融工具理財等為主要內容的理財規劃。

6. 執行和定期調整投資理財方案

在投資理財的過程中，工作、收入以及經濟運行環境的變化都需要及時調整投資理財方案，根據實際情況對投資理財的方案進行修正。

三、生命週期理論

（一）生命週期概念

生命週期理論是指個人在相當長的時間內計劃消費和儲蓄行為，以在整個生命週期內實現消費的最佳配置。生命週期理論是由義大利人莫迪利阿尼等人創建的。莫迪利阿尼認為人的生命是有限的，可以區分為依賴、成熟和退休三個階段。一個人一生的財富累積狀況就像駝峰的形狀，在人年輕時很少，賺錢之後開始成長累積到退休之前（中年時期），其財富累積達到高峰，隨後開始降低。基本思想是：一個人綜合考慮其即期收入、未來收入，以及可預期的開支、工作時間、退休時間等因素來決定目前的消費和儲蓄，以使其消費水準在一生內保持相對平衡，而不至於出現消費水準的大幅波動。

（二）個人生命週期各階段理財活動

（1）單身期。參加工作至結婚，收入較低開支較大，這時期的理財重點不在於獲利而在於累積經驗，採用手段是求學深造或參加職業培訓。主要的投資理財工具是活期存款、定期存款和基金定投，保險計劃以意外險和壽險為主。

（2）家庭形成期。這個時期以擇偶結婚為主。生育小孩之後，子女存在學前教育問題，經濟收入增加、生活穩定，合理安排家庭支出。理財活動主要是量入為出，為結婚買房服務。投資理財工具可以選擇股票、基金等高收益高風險的產品，保險計劃可以選擇壽險和儲蓄險。

（3）事業發展期。這個時期既是發展事業的時期，也是子女教育費用較高的時期。由於收入的提高，擁有房子、車子，但生活費用猛增。理財主要集中在房貸車貸，子女教育存款。投資理財工具可以選擇投資性房地產、股票、基金，保險計劃可以選擇養老險和定期壽險。

（4）事業成熟期。家庭穩定，事業持續發展時期。子女工作至本人退休，收入處於高峰期，適合累積，可擴大投資。理財活動主要集中在合理安排消費、投資，消費信貸基本還清，保險計劃可以選擇養老險和投資保單。

（5）退休期。60歲以後，養老時代，穩健投資保住自己的財產。退休之後收入減少，投資和消費都較保守，理財原則身體健康第一、財富第二，主要以穩健、安全、保值為目的。投資理財工具主要選擇固定收益產品和退休年金，可以進行遺產規劃。

投資理財就是根據個人不同生命週期收入、支出、風險偏好的特徵，科學利

用理財產品、證券保險等金融工具,來進行理財活動和財務安排。

(三) 家庭生命週期各階段理財活動

(1) 單身期。單身期是指從參加工作至結婚的時期。剛剛參加工作,收入不高,但也沒有太大的家庭負擔,是資金累積的初期。由於這個階段的經濟收入比較低且花銷大,是未來家庭資金累積期,投資重點不在於獲利,而在於累積經驗。

理財建議:可將資本的50%左右投資於風險大、長期回報高的股票以及股票型基金或外匯、期貨等金融品種;30%左右選擇定期儲蓄、債券或債券型基金等較安全的投資工具;20%左右以活期儲蓄的形勢保證其流動性,以備不時之需。

(2) 家庭形成期。家庭形成期是指從結婚到子女出生。此時家庭的生活消費壓力較大。經濟收入增加而且生活穩定,家庭已經有基本生活用品和一定的財力。為提高生活質量往往需要較大的家庭建設支出,如購買一些較高檔的用品;貸款買房的家庭還需一筆大的開支——月供款。此階段的理財重點放在合理安排家庭建設的支出上。

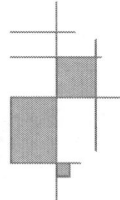

理財建議:將可投資資本的70%投資於股票或成長型基金;10%投資於債券和保險;20%留作活期儲蓄。信貸可以選擇信用卡和小額信貸。

(3) 事業發展期。這一時期是指從小孩出生直到上大學,家庭成員穩定,家庭成員的年齡都在增長,家庭的最大開支是保健醫療費、教育費用。同時,隨著子女的自理能力增強,父母精力充沛,又累積了一定的工作經驗和投資經驗,投資能力大大增強。

投資建議:將可投資資本的60%投資於股票或成長型基金;30%投資於債券和保險;10%留作活期儲蓄;保險可選擇繳費少的定期險、意外保險、健康保險等。

(4) 事業成熟期。成熟期是子女獨立、事業發展穩定,子女參加工作到家長退休為止這段時期。這期間自身的工作能力、工作經驗、經濟狀況都達到高峰狀態,子女已完全自立,因此最適合累積財富,理財的重點是擴大投資。

投資建議:將可投資資本的50%用於股票或同類基金;40%用於定期存款、債券及保險;10%用於活期儲蓄。但隨著退休年齡逐漸接近,用於風險投資的比率應逐漸減少;在保險需求上,應逐漸偏重於養老、健康、重大疾病險,制訂合適的養老計劃。

(5) 退休期。退休期的投資通常都比較保守,適度消費,享受生活。理財原則主要以穩健、安全保值為理財目的。

投資建議:將可投資資本的20%用於股票或股票型基金,60%用於定期儲蓄或債券,20%進行活期儲蓄。對於資產較多的老年投資者,此時可採用合法避稅手段,把財產有效地交給下一代。

四、資金時間價值

(一) 資金時間價值的含義

1. 資金時間價值的概念

資金時間價值又稱貨幣的時間價值，就是資金經歷一定時間的投資和再投資所增加的價值。

西方經濟學家認為資金的時間價值產生的原因主要是「時間偏好」。時間偏好就是人們對當前一定質量和數量的財富與一段時間後相同質量和數量的財富的價值的偏差。目前擁有的貨幣比未來收到的同樣金額的貨幣具有更大的價值是因為目前擁有的貨幣可以進行投資，在目前到未來這段時間裡能夠獲得複利。

2. 資金時間價值產生的原因

資金時間價值產生的原因有三個。一是資金可以滿足當前消費或用於投資而產生投資回報，屬於機會成本。二是通貨膨脹可能造成貨幣貶值。三是投資具有不確定性，資金持有者要承擔風險，所以需要提供風險補償。

(二) 資金時間價值的表現形式與計算方法

（1）單利和複利。單利是指在計算利息時，只本金計算利息，所產生的利息不考慮計息。這種計息方式不能完全反應資金的時間價值。銀行儲蓄存款一般用單利計息。

本利和計算公式：

$$本利和 = 本金 + 本金 \times 利率 \times 期限$$

複利是對本金及本金產生的利息都要計息的計算方法。在每一個計息期，上一個計息期的利息都將成為生息的本金，即「利滾利」。計算利息時，按一定期限將上一期所產生的利息計入本金一併計算利息的方法。

複利本利和計算公式：

$$本利和 = 本金 \times (1+利率)^{期限}$$

（2）現值和終值的計算。現值是指未來的某個時點上一筆資金折算到現在的價值。也就是一筆資金按規定的折現率，折算成現在或指定起始日期的數值，通常記作 P。現值具有可加性。一組現金流總的現值即等於單筆資金的現值之總和。終值是指現在一定量的資金在將來某一時點上的價值，或者說是用複利計息方法計算的一定金額的初始投資在未來某一時點的本利和，通常記作 F。

①單利現值和單利終值。終值與現值是與複利、單利相關聯的概念，互為倒數關係，現值是終值的逆運算。單利現值和單利終值的函數關係為：

$$F = P(1 + i \times n)$$

上式中，F 為終值，P 為現值，i 為年利率，n 為計息期數或年數。

【例1.1】假設小王現在有 10,000 元餘額可以存入銀行，存款期限 3 年，3 年期存款利率為 2%。王先生現在存入銀行的 10,000 元 3 年後是多少？

解析：已知 $P = 10,000$，$i = 4.75\%$，$n = 5$

$F = 10,000 \times (1+2\% \times 3) = 10,600$（元）

②複利現值和複利終值。複利現值（終值）按一年內計算利息的次數，又可以劃分為普通複利現值、終值和週期性複利現值、終值。普通複利現值和終值的函數關係為：$F = P(1+i)^n$。

【例1.2】某人向銀行存入10,000元的定期存款，存期3年，存款利率為2%，每年計息一次，試問3年後該客戶能得到多少錢？

解析：已知 $P = 10,000$，$i = 2\%$，$n = 3$

$F = 10,000 \times (1+2\%)^3 = 10,612.08$（元）

在複利現值、終值的計算中，計息時間可以是年、月、季度、周或日，當計息週期小於一年或一年計息次數在兩次以上（包括兩次）時即為週期性複利。這樣計算出來的複利現值、終值，就是週期性複利現值、終值。週期性複利現值和終值的函數關係為：

$$F = P\left(1 + \frac{i}{m}\right)^{m \times n}$$

上式中，i 為利率，m 為1年中計算複利的次數，n 為年數。

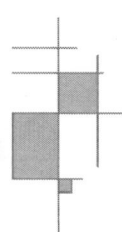

(三) 年金

1. 年金的概念和分類

年金是在一定時期內，每次等額收入或支出的金額。其也可理解為等額、定期的系列收支，如養老金、保險金、分期付款賒購、分期償還貸款、計提折舊等。年金按其每次收付款項發生的時點不同，可以分為普通年金（後付年金）、即付年金（先付年金、預付年金）、遞延年金（延期年金）、永續年金等類型。

普通年金是指從第一期起在一定時期內每期期末等額收付的系列款項，又稱為後付年金、期末年金。即付年金是指從第一期起，在一定時期內每期期初等額收付的系列款項，又稱先付年金、期初年金、預付年金。即付年金與普通年金的區別僅在於付款時間的不同。期初付款的是即付年金，期末付款的是普通年金。遞延年金是指首次收付款發生的時間與第一期無關，而是隔若干期（m）後才開始發生的等額收付款項。永續年金是指無期限等額收付的年金。年金的期數永久持續時，無限期定額支付的年金，如存本取息。

2. 普通年金的計算

普通年金是指從第一期起在一定時期內每期期末等額收付的系列款項，又稱為後付年金、期末年金。普通年金終值是指各期期末等額收入或支出的本例和，也就是將每一期的金額按複利換算到最後一期期末的終值，然後加總，就是該年年金終值。各年或各期期末年金的終值如表1.1所示。

表 1.1　各期普通年金終值

第 1 年年末到期末	第 2 年年末到期末	…	第 $(n-1)$ 年年末到期末	第 n 年年末到期末
$A(1+i)^{n-1}$	$A(1+i)^{n-2}$	…	$A(1+i)$	A

期末年金終值 = 各期期末年金終值總和
$$= A(1+i)^{n-1} + A(1+i)^{n-2} + \cdots + A(1+i) + A$$
計算可得期末年金終值公式為：
$$F = A \frac{(1+i)^n - 1}{i}$$
上式中，A 為年金，$(1+i)^n - 1/i$ 為期末年金終值系數。

【例1.3】某人計劃 5 年後為子女準備教育經費，假設銀行存款利率為 3%，從現在起每年年末存入等額的存款 2,000 元，試問 5 年後這筆教育經費為多少？

解析：已知期末年金求期末年金終值，即 A=2,000，i=3%，n=5

期末年金終值 $F = A \dfrac{(1+i)^n - 1}{i} = 2,000 \dfrac{(1+3\%)^5 - 1}{3\%} = 10,618.27$ （元）

3. 預付年金的計算

預付年金又稱期初年金，是指在每期期初支付的年金。期初年金終值公式為：
$$F = A \frac{(1+i)[(1+i)^n - 1]}{i}$$
上式中，$\dfrac{(1+i)[(1+i)^n - 1]}{i}$ 稱為期初年金本利和系數。

【例1.4】如果某人在 2015—2018 年，每年年初在銀行存款 5,000 元，在年利率為 2% 的情況下，該人在 2018 年年末能從銀行取到多少錢？

解析：已知期初年金求期初年金終值，即 A=5,000，n=4，i=2%

$F = A \dfrac{(1+i)[(1+i)^n - 1]}{i} = 5,000 \times \dfrac{(1+2\%)[(1+2\%)^4 - 1]}{2\%}$

$= 210,202.20$（元）

【實訓內容】

1. 熟悉課程的實驗教學平臺，熟練操作任務欄下各個實訓項目的內容和功能。

2. 根據給出的家庭基本信息，運用生命週期理論和資金時間價值進行理財，設計投資理財規劃的基本流程和內容。

3. 掌握採用 Excel 計算資金的時間價值。

【實訓步驟】

一、智盛金融實驗教學平臺

1. 登錄投資理財規劃教學平臺。學生打開 http://120.25.130.17:7020 智盛個人理財教學實訓平臺，輸入帳號和密碼，完成登錄，如圖 1.1 所示。

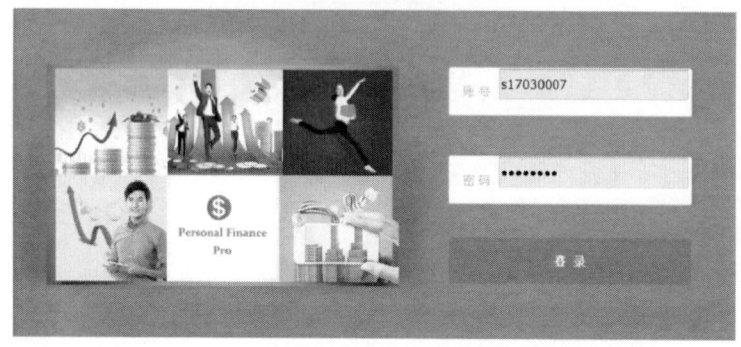

圖 1.1　投資理財規劃教學平臺登錄頁面

2. 進入智盛個人理財教學平臺首頁，選擇頁面左邊第二項理財綜合規劃，如圖 1.2 所示。

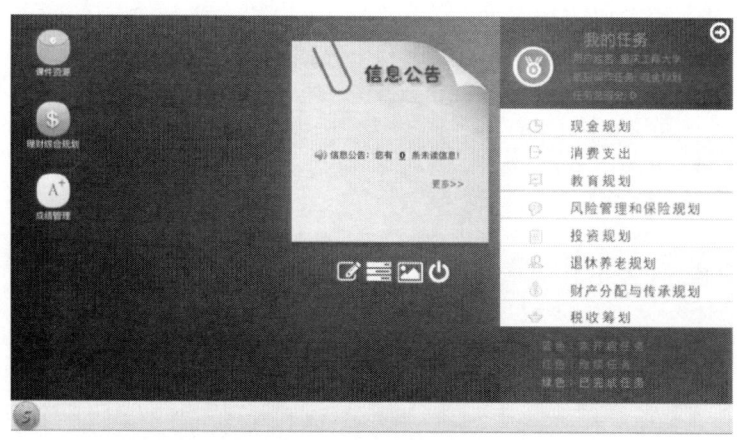

圖 1.2　教學平臺首頁

3. 學生可以任選一個客戶的投資理財內容。根據內容，編寫投資理財規劃的主要內容和流程，如圖 1.3 所示。

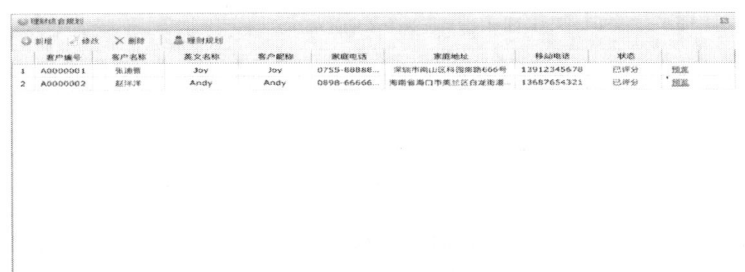

圖 1.3　理財綜合規劃

二、用 Excel 計算資金時間價值

1. 運用 Excel 測算終值。張興希望大學畢業五年後結婚，他自己專門設立了一個單獨的帳戶存結婚基金，預計每年年末存入 30,000 元，預測利率不變，年利率為 10%，則 5 年後張興的結婚基金有多少錢呢？

運用 Excel 操作，結果如圖 1.4 所示：

其中 Rate 為年利率（10%），Nper 為年限（5 年），Pmt 為每年年末存入的錢（30,000 元）。

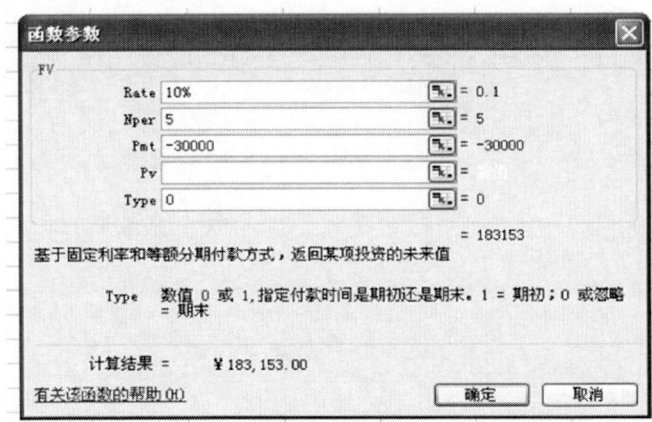

圖 1.4　Excel 測算終值

2. 運用 Excel 測算年金。某企業按 12% 的年利率取得貸款 20 萬元，要求在 5 年內每年年末等額償還，每年的償還金額是多少？

運用 Excel 操作，結果如圖 1.5 所示。

其中 Rate 為年利率（12%），Nper 為償還年限（5 年），Pv 為取得的貸款數（200,000 元）。

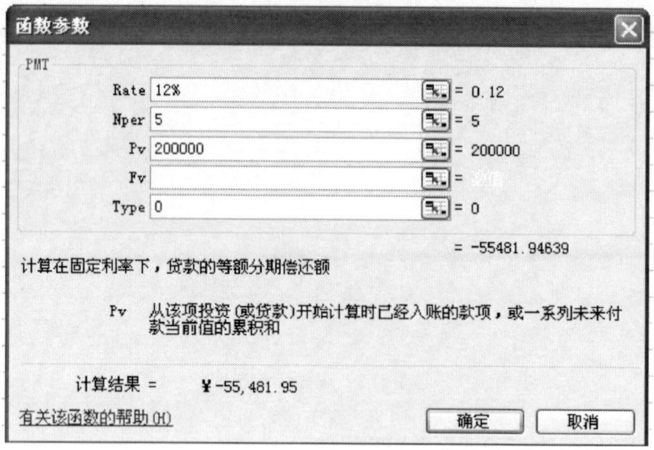

圖 1.5　Excel 測算年金

3. 運用 Excel 測算現值。李雙剛入大學，計劃大學畢業後出國留學，留學資金需要 50 萬元，請問如果銀行利率為 10%，李雙父母現在需要存入銀行多少錢，才能在 4 年後得到 50 萬元？

運用 Excel 操作，結果如圖 1.6 所示。

其中 Rate 為年利率（10%），Nper 為年限（4 年），FV 為四年後獲得的錢（500,000 元）。

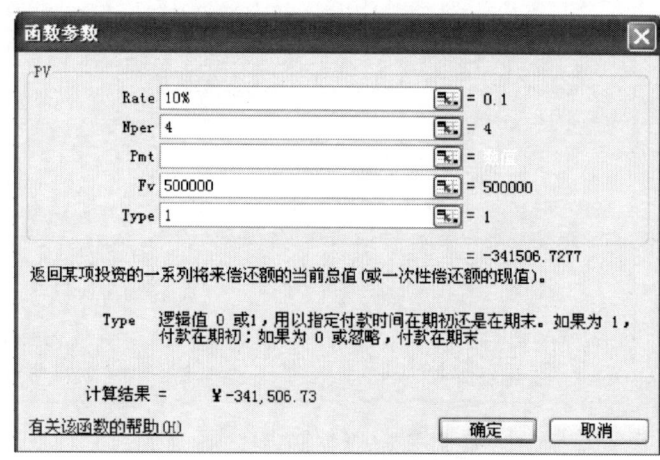

圖 1.6　Excel 測算現值

【實訓思考】

1. 大學生理財的必要性和意義。
2. 個人財富夢想與人生規劃、職業規劃密不可分，你對你的職業規劃是怎樣思考的？你對你的財富夢想是如何規劃的？
3. 你常用的理財工具是什麼？收益如何？

實訓二　家庭財務管理

【實訓目的與要求】

1. 掌握家庭財務報表編製原則。
2. 掌握並熟練編製家庭資產負債表。
3. 掌握並熟練編製家庭收支表。
4. 掌握並熟練編製家庭收支儲蓄表。
5. 掌握家庭財務比率分析和診斷財務狀況。

【實訓準備知識】

一、家庭財務管理原則

家庭財務管理類似於企業的財務管理，家庭財務報表類似於企業會計報表。投資理財對家庭財務數據的整理、管理、分析就是借助企業財務管理的方法來進行的。家庭財務管理雖然不受國家法律的監督和約束，但也有規範的管理原則，與企業財務管理原則也有不用之處。

（一）收付實現制

收付實現制又稱現金制，是以收入帶來的現金「收到」時間和由費用導致的現金「付出」時間為準，來確認收入和費用的一種會計核算基礎。為簡便起見，家庭收支流量大多採用收付實現制進行記帳，區別於企業的權責發生制。

（二）成本價值與市場價值

在家庭財務管理中，特別是在計算家庭資產價值中，存在著大量的非現金資產的記帳問題。非現金資產的成本價值以購入時所支付的現金額來計算，而在每個記帳基準日計算資產價值時則以結算時點資產的市場價格計算。

（三）流量與存量

家庭資產負債表反應的是某一時點家庭資產和負債的靜止量，所以各個項目

是存量的概念。家庭現金流量表反應的是一定時期內收入和支出的數量金額，所以各個項目都是流量的概念。

二、家庭資產負債表編製

家庭資產負債表反應家庭在某一時點上的資產和負債的財務報表。表中項目是存量指標，並不反應資產和負債形成的過程，是以月底、季底或年底財務數據進行編製的。如表1.2所示。

編製家庭資產負債表就是確定資產、負債、淨資產這三項。資產包括現金、活期存款、股票、基金、債券、保單、房地產、汽車、應收款、預付款等，可分為流動性資產、投資性資產、自用性資產。負債包括信用卡未償還餘額、汽車貸款、房屋貸款、預收款、私人借款，可分為流動性負債、投資性負債、自用性負債。淨資產為資產減去負債的餘額。

表1.2 家庭資產負債表

資產項目	成本	市價	負債項目	金額	淨值項目	成本	市價
現金			信用卡負債				
活期存款							
流動性資產			消費性負債		流動淨值		
股票							
基金							
債券							
投資用房產			投資用房貸				
保險							
投資性資產			投資性負債		投資淨值		
自用汽車							
自用房屋			自用房貸				
自用性資產			自用性負債		自用淨值		
總資產			總負債		總淨值		

(一) 家庭資產

(1) 自用性資產。自用性資產大多以實物形式存在，包括房屋、汽車、家具家電和衣物等。其中自用汽車的市場價值要計提折舊，可以參考二手車價格。這些資產既不能給家庭帶來收入，也不易變現，但自用資產是生活中必須用到的，與生活質量有關，自用資產在購置和管理上更關注它的效用即對家庭成員帶來的滿足感。

(2) 流動性資產。流動性資產主要是用於滿足家庭日常生活開支需要的資產，主要包括現金和活期存款。現金的占用不能帶來收入，活期存款也可以忽略不計。流動性資產的占比不能過大，它能滿足家庭日常生活需要，再適當準備些備用金即可。所以在理財時流動資產主要考慮的是生活備用金。

(3) 投資性資產。投資性資產是指家庭用於投資的能夠給家庭帶來收入的資

產。這部分資產主要有房產和金融資產。投資性資產是家庭資產中最重要的部分，是個人理財規劃中最重要的項目之一，也是實現家庭理財目標的重要資金來源。家庭成員購買的人生意外險、財產保險和醫療險等保險，保單現金價值不高，不必列入資產項目中。但子女教育儲蓄年金、終身壽險、養老保險退休年金，特別是投資型保險就有一定的現金價值，通常在投保兩年後按年計入投資型資產中。

（二）家庭負債

家庭負債是指家庭成員承擔的所有債務。相對於家庭資產來說，家庭負項目是有限的。家庭負債大致可以歸納為流動性負債和投資性負債、自用性負債三類。

（1）流動性負債。流動性負債是指時間較短的，通常在 1~2 個月到期的負債，主要是消費性的，如信用卡消費、應付租金、水電氣費、電話費等。

（2）投資性負債。投資性負債是指用於投資，以期產生收益的負債。如投資房產、金融資產等的借款。

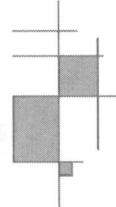

（3）自用性負債。自用性負債是滿足家庭成員需求而產生的負債，是償還時間較長的，多年內每月都要支付的負債。如自住商品房按揭貸款消費貸款、汽車貸款、教育貸款等，通常數額大，期限較長。

（三）淨資產

淨資產是資產減去負債的餘額，體現了家庭財富的總水準。如果淨資產為負，則說明家庭負債大於資產，即為家庭赤字，這是投資理財中的危險情況，如果有其他意外事件發生，則家庭財力將很難應對。所以應通過投資理財避免這種情況的發生。

（四）財務分析

（1）資產負債率。即總負債與總資產的比值，通常認為 0.5 是安全邊界，小於 0.5 則可以避免因資產流動性不足而產生的財務危機。如果比率大於 1，則出現資不抵債，其理財的重心應是盡快增加收入、減少負債。

（2）各類資產占總資產的比重。即自由性資產、流動性資產、投資性資產分別占總資產的比重。投資性資產比重是衡量家庭資產增值能力的重要指標，通常建議大於 50%。流動性資產比重不宜過大，因為流動性資產的增值能力極低，只需預留家庭日常生活費用和備用金即可。

負債比率：總負債比總資產（通常認為 50% 是安全邊界）。

借貸流動率：消費性負債與流動資產之比。

融資比率：投資性負債與投資性資產之比。

自用貸款成數：自用性負債與自用性資產之比。

流動資產與月收入之比：經驗認為保留 3~6 個月非理財收入作為流動性資金。

債務覆蓋比率：非理財收入與當期債務償還額之比（通常認為等於 3 以上比較好）。

三、家庭收支表

家庭收支表是記錄家庭一定時間段內的收入和支出的財務報表。它反應了家庭生成現金的能力，為消費、儲蓄、投資等決策做出參考。家庭的收入和支出都是以流動性很強的現金或支付寶等形式表現，因此家庭的收入支出表也可看作現金流量表和收益表的整合形式。家庭收支表包括收入、支出、淨現金流三個部分。表 1.3 為西部地區某高校某大二學生的月度收支表。

表 1.3　月度收支表　　　　　　　　　　　　單位：元

收入項目	金額	支出項目		金額
生活費	1,000	分期支付	手機分期	200
餘額寶理財收入	50	基本生活開銷	伙食費	550
			手機及網費	50
			交通費	40
			水電費	30
總收入	1,050	總支出		870
月淨現金流	180			

（一）收入項

收入項包括薪資收入、佣金收入、房租收入、利息收入、變現資產資本利得，以及養老金、捐贈、社會保障等。在確定收入數額時，要採用稅前和其他扣除前的數額。根據不同的收入目的，還可以分為工資收入、理財收入、固定收入、不定期收入。

（二）支出項

支出項主要包括生活支出、理財支出、稅收支出、償還債務等。其中，有的支出是相對固定的支出（如房租、交通、住房貸款等），有的支出的數額在不同的時間有較大差距。

（三）淨現金流項

淨現金流是收入總額減去支出總額的餘額，如果淨現金流大於零，則代表有現金盈餘；如果淨現金流小於零，則代表有現金赤字，需要動用儲蓄或借款。

（四）家庭收支儲蓄表

家庭收支儲蓄表（見表 1.4）是在家庭收支表的基礎上增加儲蓄項，反應了家庭淨現金的利用效率。儲蓄項可以分為自由儲蓄和固定用途儲蓄。自由儲蓄可以用於實現短期目標、本金提前還款、提高生活質量等；固定用途儲蓄用於本金的定期還款和實現長期目標的定額儲蓄，也可以按收入項和支出項的分類來歸

類，分為生活儲蓄和理財儲蓄。其計算公式為：

生活儲蓄＝工作收入－生活支出

理財儲蓄＝理財收入－理財支出

總儲蓄＝總收入－總支出

自由儲蓄＝總儲蓄－資產增加－負債減少

編製家庭收支儲蓄表需要注意：它是一段時期的流量記錄，通常按月結算；以現金記帳為基礎，信用卡在還款時才記支出；已實現資本利得或損失是收入或支出項目。未實現資本利得為期末資產與淨值增加的調整項目，不會顯示在收支儲蓄表中。房貸本息攤還僅利息記支出，歸還本金為負債減少；個人所得稅列為收入的減項，用於計算可支配收入。

此外，還需特別提醒的是個人與單位所繳的醫療保險費撥入社會統籌醫療基金部分為保障型保費；撥入個人帳戶部分為限制支配收入與儲蓄，個人醫療保險帳戶餘額為資產；個人與單位所繳的基本養老保險費撥入養老保險社會統籌基金部分相當於保障型保費；撥入個人帳戶部分為限制支配收入與儲蓄，個人養老保險帳戶餘額為資產；個人與單位住房公積金繳存全部為限制支配收入與儲蓄，住房公積金帳戶餘額為資產。

表1.4　家庭收支儲蓄表

收入項目	金額	支出項目	金額	儲蓄項目	金額	儲蓄運用	金額
薪資		家計支出				儲蓄型保費	
佣金		扶養父母支出					
所得稅扣繳		子女學費支出					
工作收入		生活支出		生活儲蓄		資產增加	
利息收入		保障型保費				還房貸本金	
資本利得		利息支出					
資本損失							
理財收入		理財支出		理財儲蓄		負債減少	
總收入		總支出		總儲蓄		自由儲蓄額	

(五) 財務比率分析

財務比率包括支出比率、消費比率、財務負擔比率。

(1) 支出比率＝$\dfrac{總支出}{總收入}$

(2) 消費比率＝$\dfrac{消費支出}{總收入}$

(3) 財務負擔比率＝$\dfrac{理財支出}{總收入}$

支出比率反應的是消費支出、理財支出等占總收入的比重。消費率和財務負擔率分別表示總收入中用於消費支出和理財支出的比重。消費支出是指衣、食、

住、行、醫療等各項消費性支出。在收入穩定的條件下，消費比率越高，消費越多，儲蓄越少，未來收入的增長就越慢。所以應提倡合理消費、理性消費。財務負擔比率反應的是利息支出、保障型壽險和產險等的保費支出占總收入的比率。這一比率應控制在30%以下為宜，其中保障型保費支出占總收入的比率應控制在10%以下，利息支出占總收入的比率應控制在20%以下較為合理。

【實訓內容】

1. 根據給出的家庭基本信息和財務數據，整理家庭財務信息，編製家庭收支表、家庭資產負債表等財務報表。

2. 根據家庭財務報表進行財務比率分析，如資產負債比率、借貸流動率、融資比率、自用性負債與自用性資產之比、流動資產與月收入之比等，診斷家庭財務狀況和問題，給出家庭財務現狀評價。

【實訓步驟】

1. 登錄投資理財規劃教學平臺

學生打開 http://120.25.130.17:7020 智盛個人理財教學實訓平臺，打開首頁界面左邊的「理財綜合規劃」，見圖1.7。

圖1.7 個人理財綜合規劃

2. 選擇客戶編號 A000001，打開界面左邊的家庭基本資料和財務資料，認真讀取家庭財務資料。見圖1.8。

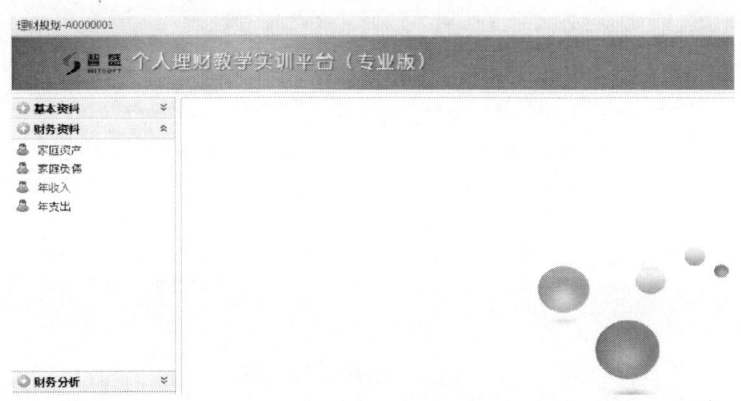

圖1.8 個人理財家庭資本資料

3. 讀取家庭資產、家庭負債數據，填寫家庭資產負債表，並進行財務分析，見圖1.9、圖1.10、圖1.11、圖1.12。

圖1.9　家庭資產表

圖1.10　家庭負債表

圖1.11　資產負債分析表

当前位置：财务分析 > 资产负债分析

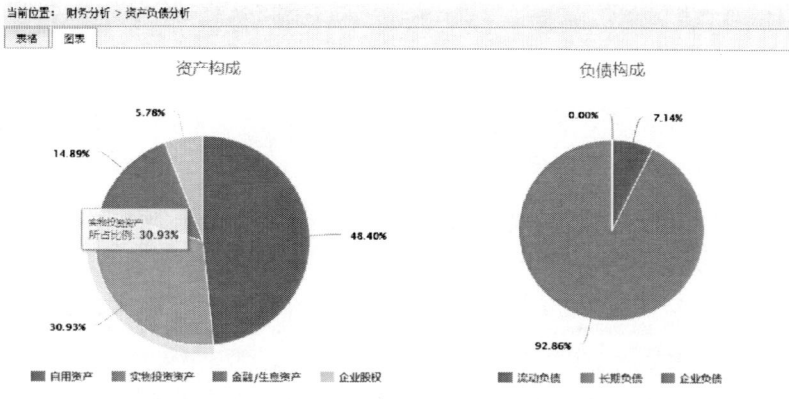

图 1.12　資產負債分析圖

4. 讀取家庭收入和支出數據，填寫家庭收入支出表，並進行財務分析，見圖 1.13、圖 1.14、圖 1.15、圖 1.16。

图 1.13　家庭年收入表

图 1.14　家庭年支出表

圖 1.15　家庭收入支出分析表

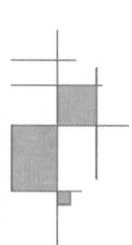

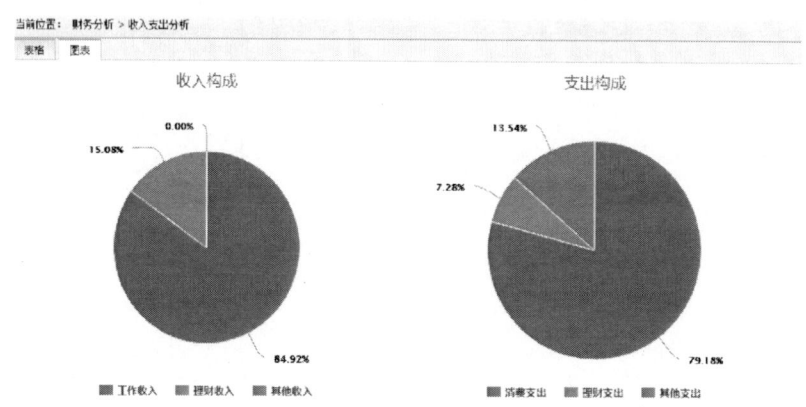

圖 1.16　家庭收入、支出構成分析圖

5. 綜合家庭資產負債表和家庭收入支出表，進行家庭財務比率分析。見圖 1.17。

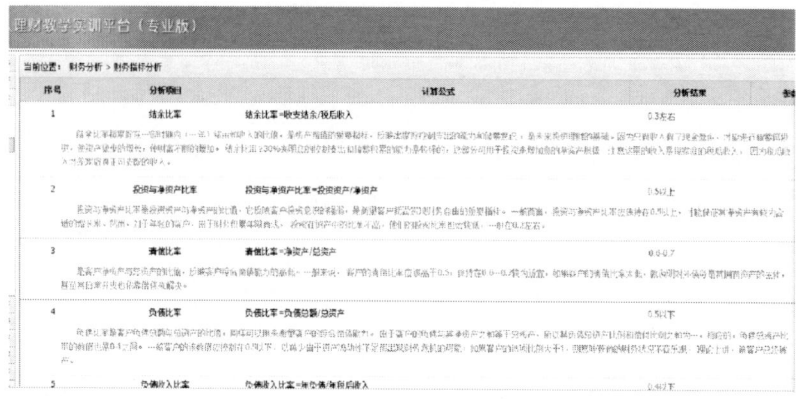

圖 1.17　財務比率分析

【實訓思考】

    1. 根據你自己或家庭的財務狀況，編製家庭財務報表，診斷財務問題。

    2. 家庭債務指標對家庭財富安全的重要性是什麼？對自己的債務類指標進行分析。

    3. 連續跟蹤自己的月收支情況，編製收支報表和資產負債表，分析自己的財務現狀和問題，提出改進建議。

實訓三　現金理財與消費規劃

【實訓目的與要求】

1. 熟悉現金理財工具。
2. 掌握現金需求估算方法。
3. 熟悉存款的種類。
4. 瞭解銀行理財產品。
5. 理解和掌握消費支出規劃的目的。
6. 能夠分析客戶的購房面積需求。
7. 能夠理解和掌握購房財務規劃的基本方法。
8. 能夠理解和掌握制定汽車消費方案。
9. 能夠理解和掌握制定消費信貸方案。

【實訓準備知識】

一、現金理財的含義和基本內容

現金規劃是為滿足個人或家庭短期需求而對日常的現金、現金等價物及短期融資活動進行的管理。現金規劃中所指的現金等價物是指流動性比較強的活期儲蓄、各類銀行存款和貨幣市場基金等金融資產。

現金理財的基本內容是對家庭日常的現金及現金等價物的支配和管理，以保證家庭有足夠的資金來滿足日常生活和工作的需要。其核心是滿足個人的短期資金需求。現金理財的原則可歸納為，短期問題用現金解決，預期問題用短期儲蓄、短期投資、融資（盡量少用）等現金等價物解決。

（一）現金需求分析

1. 現金理財需要考慮的因素
（1）對金融資產流動性的要求
①交易動機。個人或家庭通過現金及現金等價物進行正常的交易活動。
②謹慎動機或預防動機。個人或家庭成員為應對可能發生的事故、失業、疾

病等意外事件而需要提前預留一定數量的現金及現金等價物。

③投機動機。個人或家庭為現金資產保值增值或是為獲取報酬而購買的短期、風險低、易變現的金融產品。

（2）持有現金或現金等價物的機會成本

金融資產的流動性與收益率呈反向關係，現金及現金等價物的流動性較強，其收益率相對較低。

2. 流動性比率

流動性比率是流動資產與月支出的比值，反應客戶支出能力的強弱。資產流動性是指資產在保持價值不受損失的前提下變現的能力。通常情況下，流動性比率應保持在 3 左右。其計算公式如下：

$$流動性比率 = \frac{流動性資產}{每月支出}$$

3. 現金理財中現金的用途

個人或家庭的現金資產主要有三種用途：滿足日常生活所需，預防意外發生的支出，投機支出之需。

（1）日常生活所需。在沒有領到工資前，需要用自己持有的現金支付一段時間的生活費。一般提前準備一兩個月的日常生活費比較安全。

（2）預防意外支出。當收入突然減少、中斷或支出突然驟增時，就需要一筆緊急備用金來應付財務困境。因為房產等固定資產無法在短期內轉化為可以使用的現金，而股票等證券資產如果臨時變現，可能會蒙受很大的損失。緊急備用金主要是為應對失業導致的工作中斷和應對意外傷害或疾病導致的暫時停止工作做準備。

失業後能否順利找到工作，取決於當時的經濟景氣狀況和自身的調整彈性。職場經濟景氣時 3 個月內要找到類似薪資的工作不難，職場經濟不景氣時除非降低收入要求，否則一年半載找不到工作是常事。一般為應對失業風險，準備的財富應該足夠 3 個月的開支；如果考慮在失業後要尋找好的工作，則需要更長時間，可能需要準備 3~6 個月的開支。

人的一生中難免會遇到一些意外傷害或疾病，它們可能會導致短期內無法工作，為維持個人和家庭的正常運轉，需要事先準備 3~6 個月的生活費用，因為一般的疾病和傷害在 3~6 個月都可以治癒和恢復。

（3）投機支出。為了實現財務自由的理財目標，需要適當減少當前消費，將收入盡可能累積下來用以投資，這部分資金在投資之前要先以現金類資產的形式存放，數量越多越好。

4. 影響現金需求的因素

（1）風險偏好程度。風險偏好低的家庭，可以預留較多的現金；反之，則應預留較少的現金。

（2）持有現金的機會成本。有些家庭有較好的理財渠道，持有現金所放棄的機會成本較高，則可以少預留一些現金。

（3）現金收入來源及穩定性。家庭中工作人數較多，工作穩定性佳，有其他

收益並較穩定，如房屋租金等，則可以少預留現金。

（4）現金支出渠道及穩定性。如果家庭開支穩定，意外大項支出較少，也可以少留現金。

（5）非現金資產的流動性。如果一個家庭除了現金外，其餘大多是房產或實業投資等變現週期長、變現價格不確定性高等、流動性差的資產，則需要多留一些現金。

上述影響因素可以採取現金流量分析來掌握現金收支的情況，通常用編製家庭收支表或現金流量表來實現的。

（二）現金理財常用工具

1. 現金

現金是現金規劃的重要工具。其特點是流動性強，收益率低，最易完成支付和交易。

2. 儲蓄產品

（1）活期存款

活期存款是指不規定存款期限，個人可以隨時存取的存款。個人憑存折或銀行卡及預留密碼可在銀行營業時間內通過銀行櫃面或通過銀行自助設備隨時存取現金。在現實生活中，活期存款通常 1 元起存，部分銀行的客戶可憑存折或銀行卡在全國各網點通存通兌。

①計息金額

存款額的計息起點為元，元以下角分不計利息。利息金額算至分位，分以下尾數四捨五入。分段計息算至厘位，合計利息後分以下四捨五入。除活期存款在每季結息日將利息計入本金作為下季的本金計算複利外，其他存款不論存期多長，一律不計複利。

②計息時間

從 2005 年 9 月 21 日起，中國對活期存款實行按季度結息，每季度末月的 20 日為結息日，次日付息。

（2）定期存款

定期存款是個人事先約定償還期的存款，其利率視期限長短而定。根據不同的存取方式，定期存款分為四種，如表 1.5 所示。其中，整存整取最為常見，是定期存款的典型代表。

表 1.5 定期存款種類

存款種類	存款方式	取款方式	起存金額	存取期類別	特點
整存整取	整筆存入	到期一次支取本息	50元	3個月、6個月、1年、2年、3年、5年	長期閒置資金
零存整取	每月存入固定金額	到期一次支取本息	5元	1年、3年、5年	利率低於整取定期存款，高於活期存款

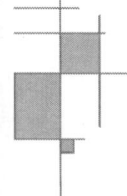

表1.5(續)

存款種類	存款方式	取款方式	起存金額	存取期類別	特點
整存零取	整筆存入	固定期限分期支取	1,000元	存款期分為1年、3年、5年；支取期分為1個月、3個月或半年1次	本金可全部提前支取，不可部分提前支取。利息高於活期存款
存本取息	整筆存入	約定取息期到期一次性支取本金、分期支取利息	5,000元	存款期分為1年、3年、5年；可以1個月或幾個月取息1次	本金可全部提前支取，不可部分提前支取。取息日未到不得提前支取利息，取息日未取息，以後可隨時取息，但不計複利

①定期存款利率

定期存款利率視期限長短而定。通常，期限越長，利率越高。如果儲戶在存款到期前要求提前支取，必須持存單和存款人的自身證明辦理，並按支取日掛牌公告的活期存款利率計付利息。

②到期支取的定期存款計息

到期支取的定期存款按約定期限和約定利率計付利息。

【例1.5】某客戶在2017年1月8日存入一筆10,000元的一年期整存整取定期存款，假定年利率為2.00%，一年後存款到期時，他從銀行取回的全部金額是多少？

本利和＝10,000×（1+2.00%）＝10,200（元）

③逾期支取的定期存款計息

超過原定存期的部分，除約定自動轉存外，按支取日掛牌公告的活期存款利率計付利息，並全部計入本金。

【例1.6】某客戶2016年3月1日存入10,000元，定期整存整取六個月，假定年利率為2.00%，到期日為2016年9月1日，支取日為2016年12月1日。假定2016年12月1日，活期儲蓄存款利率為0.30%。

到期日本利和＝10,000×（1+2.00%×0.5）＝10,100（元）

支取日本利和＝10,100×（1+0.30%×$\frac{90}{360}$）≈10,107.58（元）

④提前支取的定期存款計息

支取部分按活期存款利率計付利息，提前支取部分的利息同本金一併支取。

⑤存期內遇有利率調整，仍按存單開戶日掛牌公告的相應定期存款利率計息。

（3）定活兩便儲蓄

定活兩便儲蓄是指儲戶一次性存入本金，但不確定存期，根據自己的實際需要，可隨時支取本息的一種定活兩便的儲蓄帳戶。定活兩便存款50元起存。存期不滿3個月的，按天數計付活期利息；存期3個月以上（含3個月），不滿半年的，整個存期按支取日定期整存整取3個月存款利率打6折計息；存期半年以上

(含半年)，不滿一年的，整個存期按支取日定期整存整取半年期存款利率打6折計息；存期在一年以上（含一年），無論存期多長，整個存期一律按支取日定期整存整取一年期存款利率打6折計息。打折後低於活期存款利率時，按活期存款利率計息。

3. 貨幣市場基金

貨幣市場基金是指投資於貨幣市場上的短期的有價證券的一種基金。該基金資產主要投資於短期貨幣工具如國庫券、商業票據、銀行定期存單、政府短期債券、企業債券等短期有價證券。

（四）現金理財方法

常用的現金理財方法有：①建立較高的現金頭寸，獲得流動性，但犧牲一些收益；②現金預留較少，如有需要，則通過變現其他類資產來獲取現金。無論採取何種策略，每個家庭都應至少預留夠3～6個月使用的現金以應付日常生活開支。

個人應在考慮流動性要求和機會成本，並綜合分析個人財務狀況的基礎上，合理確定現金比率。現金比率指的是現金等價物與月支出的比值，它可以反應個人支出能力的強弱。一般情況下，現金比率保持在3~5比較合適。如果家庭收入支出均比較穩定，流動性比率低一點有助於降低資金的機會成本；對於收入或支出波動較大的個人或家庭，一般建議維持較高的流動性比率，但一定不要超過10以免機會成本過高。

【例1.7】家庭基本信息：丈夫31歲，私營老板，年收入約30萬元，無任何保險。妻子28歲，公司職員，月薪3,000元左右，有社保，公積金300元/月。支出：家庭日常支出每月8,000元（包括每月孩子花費1,000元、每月車費1,000元），家庭旅遊一年12,000元。資產狀況：現金1萬元，銀行活期存款50萬元，一年定期存款10萬元，3年定期存款10萬元，股票15萬元，房產市值80萬元，轎車一輛19.8萬元，無負債。

以下是對該家庭的現金需求進行的分析和對現金擬訂的理財方案。你認為這樣的分析和方案是否合理？請給出理由。如果請你來為該家庭的現金需求進行分析和制定理財方案，你會怎麼做？

①家庭生活費用支出

家庭每月支出共計8,000元，家庭一年的消費支出現金共計10萬元左右，這一部分資金擬採用組合存款的方式，以滿足家庭每個月的現金支出，保證現金較強的流動性。在存款方式上擬選擇一套1.2萬元現金、2.2萬元活期存款、3萬元三個月定期存款、3萬元六個月定期存款相組合的方式。

原因：1.2萬元現金、2.2萬元活期存款，可以滿足家庭3個月的消費支出，配以3個月、6個月的定期，保證了家庭現金流的連續，使其銀行存款合理的運轉起來。在滿足了基本的家庭消費支出後，還需建立一個家庭緊急備用金帳戶。

②家庭應急準備金

第一，家庭緊急備用金預留3萬元，採用貨幣市場基金形式，經過分析擬選擇某

基金公司的貨幣市場基金。家庭在急需用資金的時候，可以通過贖回很快變現。

第二，單獨設立妻子工資帳戶，每月3,000元，每年36,000元，作為家庭緊急備用金的補充。

第三，為了使應急備用金部分更為完善，擬辦理一張銀行信用卡，將每月的透支額度限定為5,000元。

二、消費支出理財

(一) 消費支出理財的概念

消費支出理財主要是基於一定的財務資源下，對家庭消費水準和消費結構進行規劃，以達到適度消費、穩步提高生活質量的目標。

家庭消費支出理財主要包括住房消費理財、汽車消費理財、子女教育消費理財以及信用卡理財等。影響家庭財富增長的重要原則是「開源節流」，在收入一定的情況下，如何做好消費支出規劃對一個家庭整個財務狀況具有重要的影響。

(二) 消費支出理財的目的

家庭消費支出規劃的目的要合理安排消費資金，樹立正確的消費觀念，節省成本，保持穩健的財務狀況。家庭消費支出規劃是理財業務不可或缺的內容，如果消費支出缺乏計劃或者消費計劃不得當，家庭很可能支付過高的消費成本，嚴重者甚至會導致家庭出現財務危機。家庭消費支出包括住房支出、汽車消費支出、信用卡消費支出等內容。

(三) 住房支出的分類

住房支出可以按支出的目的分為消費住房和投資住房。消費住房可以理解為自主性住房，主要是滿足個人或家庭住房需求，可以選擇購買房產或租賃房屋。而投資住房是把房產看成投資工具，以獲取房產租金或收益，主要用途是出租或是房價上漲後賣出獲得投資收益。

(四) 購房財務規劃的基本方法

購房財務規劃的基本方法包括以儲蓄及交費能力估算負擔得起的房屋總價。

(1) 可負擔首付款=目前淨資產在未來買房時的終值+以目前年收入為年金在未來購房時的年金終值×年收入中可負擔首付比例的上限；

(2) 可負擔房貸=以未來購房時年收入為年金的年金現值×年收入中可負擔貸款的比率上限；

(3) 可負擔房屋總價=可負擔首付款+可負擔房貸；

(4) 可負擔房屋單價=可負擔房屋總價/需求平方米數。

(五) 住房貸款

個人住房貸款，是個人貸款最主要的組成部分，是指向借款人發放的用於購

買、建造和大修理各類型住房的貸款。個人住房貸款期限一般最長不超過30年。

個人住房貸款主要包括如下幾類：

（1）個人住房按揭貸款，是銀行向自然人為購買、建造和大修各類型住房而發放的貸款。

（2）二手房貸款，是銀行向自然人在二級市場購買各類型再次交易的住房而發放的銀行自營性的貸款。

（3）公積金個人住房貸款，是按時足額繳存住房公積金的個人在購買、建造各類型住房時，銀行受住房公積金管理中心委託向借款人提供的個人住房委託貸款。

④個人住房轉讓貸款，也稱轉按揭貸款，是指銀行向在住房二級市場上購買同一銀行個人住房貸款客戶出售的住房（含商業用房）的自然人發放的貸款。

（六）住房貸款還款方式和還款金額計算

住房貸款的還款方式有等額本息還款法與等額本金還款法。這兩種還款方法在辦理貸款時由貸款人自行選擇，一般銀行默認的是等額本息還款法。我們可以從它們的計算公式和結果中瞭解二者的不同。

等額本息法是指在貸款期限內每月以相等的金額平均償還貸款本金和利息的還款方法。其公式為：

$$每月還款額 = \frac{貸款本金 \times 月利率 \times (1+月利率)^{還款期數}}{(1+月利率)^{還款期數} - 1}$$

等額本金還款法是指在貸款期限內按月償還貸款利息和本金，其中每月所還本金相等。其公式為：

$$每月還款額 = \frac{貸款本金}{還款期數} + (貸款本金 - 累計已還本金) \times 月利率$$

【例1.8】李先生購買一套住房，首付款是20萬元，其餘50萬元的價款用分期付款的方式還清，時間是10年，按照等額本息（金）的方法每月還款，年利率為3.6%。請問唐先生每月應該還款額度是多少？

根據題意，計算如下：

$$每月還款額 = \frac{500,000 \times (3.6\% \div 12) \times (1+3.6\% \div 12)^{10 \times 12}}{(1+3.6\% \div 12)^{10 \times 12} - 1} = 4,967.41（元）$$

（七）制定汽車消費方案

1. 汽車消費概述

汽車產業是中國經濟發展的一大支柱產業，在住房需求得到基本滿足後，消費熱點必然轉移到汽車上。2000—2010年，中國轎車的需求保持20%以上的年增長率，其中私家車保持30%以上的增長水準。

一般而言，購車應繳納的費用如下（以10萬元車為例）：

（1）保險費3,000~4,000元，甚至6,000元以上；養路費約為1,320元；車船使用費200元；養護費800元。

（2）變動費用包括汽油費、停車費、路橋費等。所有這些費用總計可以達到

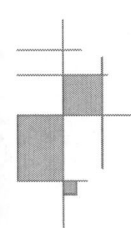

15,000~20,000元，幾乎占到購車款的15%~20%。並且這些費用中的大部分是要每年必交的。

2. 自籌經費購車與貸款購車決策

銀行大都規定，貸款買車人必須購買指定經銷商的汽車，並提供銀行認可的財產抵押、質押或第三方保證。個人汽車消費貸款的年限是3~5年，汽車消費用貸款的首期付款不得低於所購車輛價格的20%。如貸款12萬元，期限5年，按年利5.85%計算，月還貸2,311.58元，5年支付利息18,694.8元。假設投資年收益率為3.49%的國債，5年後收益20,940元。

3. 汽車消費信貸

（1）貸款對象和條件

①必須具備完全民事行為能力；
②具有穩定的職業和償還本息的能力，信用良好；
③能提供有效抵押物或質物，或有足夠代價能力的個人或單位作保證人；
④能支付購車首期款項。

（2）貸款期限、利率和金額

①貸款期限：一般為3年，最長不超過5年；
②貸款利率：1年，5.58%；3年，5.76%；5年，5.85%；
③貸款金額：以質押方式首付不少於車款的20%；以抵押方式首付不少於30%；以保證方式首付不少於40%。

（3）還款方式及案例分析

①等額本息和等額本金；
②按月還款和按季還款；
③遞增法和遞減法；
④智慧型還款。

【例1.9】購買一輛10萬元的汽車，計算貸款購車費用，如表1.6所示。

表1.6 貸款購車費用　　　　　　　　　　　　　　　　　　單位：元

	計算公式	選項	金額
購車車價			100,000
首付款	現款購車價格×30%		30,000
貸款額	現款購車價格——首付款		70,000
月付款		還款期限2年	3,094
車輛保險費	240+車價×1.2%	車損保費	1,440
	限額5萬元三者責任險	第三者責任險	1,040
	車價×1.1%	全車盜搶險	1,100
	（賠償限額+車損險）×20%	不計免賠	496
擔保費	欠車款×2%	2年	1,400
購置附加費	購車款×10%		10,000

表1.6(續)

	計算公式	選項	金額
公證費	100~300元		100
停車泊位費	小區內每年1,500元	租車位	1,500
車船使用稅	每年200元		200
養路費	轎車（110×12）		1,320
上牌費			154
驗車費			63
費用總計	貸款車款＝首付款＋月付款×貸款年限	貸款購車款	104,277
	首期付款總額＝首付款＋保險費用＋牌證費用	首期付款總額	50,196

三、其他消費信貸

（一）信用卡信貸

1. 信用卡、準貸記卡和借記卡的比較

（1）信用卡：可以免息透支，可在國外透支，回國後用人民幣結算；支取現金付手續費 1%~3%。

（2）準貸記卡：透支要付利息，支取現金不付手續費。

（3）借記卡：不能透支，支取現金不付手續費。

以上三卡共同的特點是刷卡消費不付任何手續費。

2. 信用卡及其特點

信用卡是指由商業銀行或非銀行發卡機構向其客戶提供具有消費信用、轉帳結算、存取現金等功能的信用支付工具（在中國目前尚不允許非銀行發卡機構發行信用卡）。持卡人可依據發卡機構給予的消費信貸額度，憑卡在特約商戶直接消費或者在其指定的機構、地點存取款或轉帳，在規定的時間內向發卡機構償還消費貸款本息。

按是否向發卡銀行提交存備金，信用卡還分為準貸記卡和貸記卡兩類。貸記卡是指發卡銀行給予持卡人一定的信用額度，持卡人可在信用額度內先使用、後還款的信用卡。準貸記卡是指持卡人須先按發卡銀行的要求交存一定金額的備用金，當備用金帳戶餘額不足支付時，可在發卡銀行規定的信用額度內透支的信用卡。

信用卡消費信貸具有的特點：

（1）循環信用額度。在中國，發卡銀行一般給予持卡人 20~56 天的免息期，持卡人的信用額度最高一般是 5 萬元人民幣，雙幣卡還具備一定外幣額度。

（2）具有無抵押無擔保貸款性質。

（3）一般有最低還款額要求。中國銀行規定的最低還款額一般是應還金額的 10%。

（4）通常是短期、小額、無指定用途的信用。

（5）信用卡除具有信用借款外，還有存取現金、轉帳、支付結算、代收代付、通存通兌、額度提現、網上購物等功能。

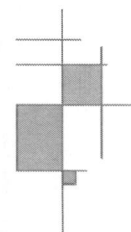

（二）個人耐用消費品信貸

個人耐用消費品信貸對象是具有當地戶口，有穩定職業、收入和固定住所，年齡在 20~55 歲之間，無不良信用記錄，具有完全民事能力的自然人。

個人大額耐用品指的是單價在 3,000 元以上、正常使用壽命在 2 年以上的家庭耐用商品，如家用電器、電腦、家具、健身器材、衛生潔具等。這種個人綜合消費貸款的期限分為 6 個月、1 年、2 年、3 年四個檔次。

【實訓內容】

1. 收集現金理財和消費支出理財的財務信息。

2. 在編製家庭資產負債表和現金流量表的基礎上，根據家庭投資理財規劃，設計現金理財規劃，合理應用現金理財工具，保證合理的流動性比率。

3. 根據家庭現金理財規劃和財務報表的信息，估算家庭住房可承受的貸款總額、首付金額、按揭年限、還款方式。根據家庭理財規劃，設計住房消費信貸規劃，合理選擇消費信貸的總額和還款方式。

【實訓步驟】

一、現金理財

1. 登錄投資理財規劃教學平臺。學生打開 http://120.25.130.17:7020 智盛個人理財教學實訓平臺，選擇現金規劃。見圖 1.18。

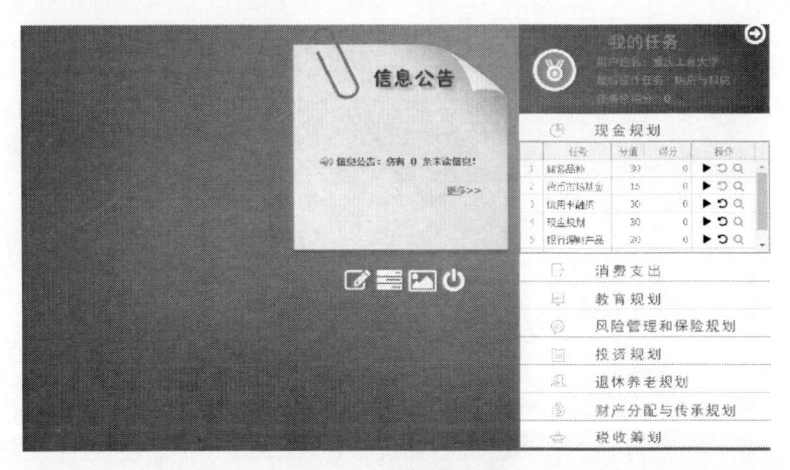

圖 1.18　現金規劃任務

2. 閱讀實驗背景資料，通過編製家庭財務報表，整理和分析該家庭的財務信息。見圖 1.19。

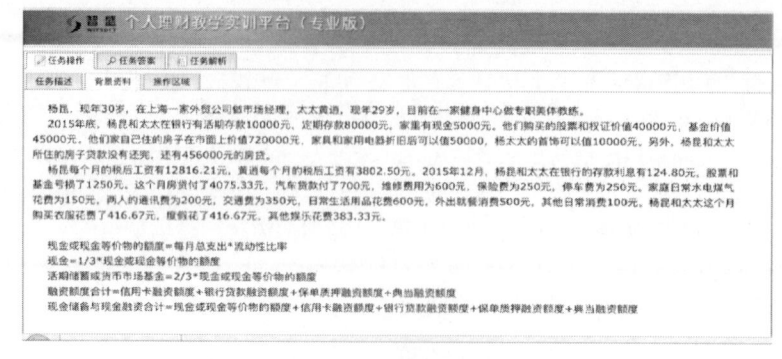

圖 1.19　家庭背景資料

3. 按照實驗任務的描述和要求，完成對該家庭的現金理財規劃。見圖 1.20。

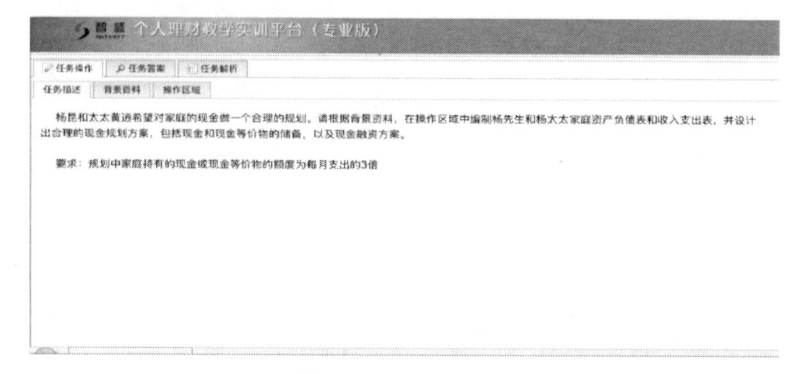

圖 1.20　現金規劃任務

4. 按照實驗平臺的要求，在實驗操作區域完成現金理財規劃的制定。見圖 1.21。

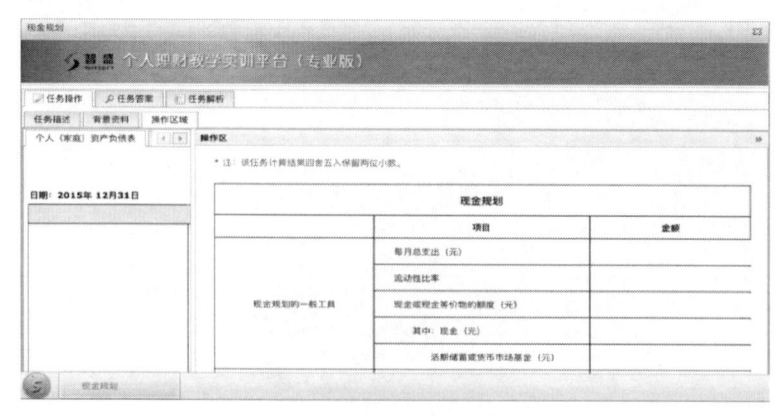

圖 1.21　現金在規劃操作區

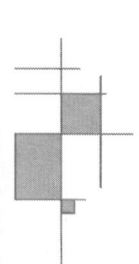

二、消費支出理財

1. 登錄投資理財規劃教學平臺。學生打開 http://120.25.130.17:7020 智盛個人理財教學實訓平臺，選擇消費支出規劃—購房財務規劃。見圖 1.22。

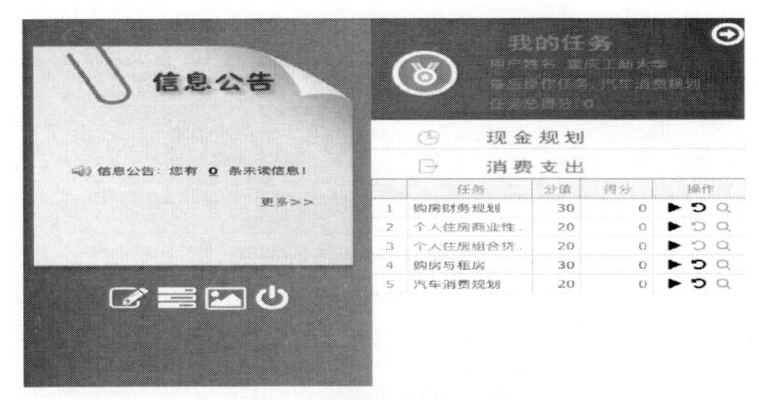

圖 1.22　消費支出規劃任務表

2. 閱讀實驗任務描述和操作區域的購房數據詳情。見圖 1.23、圖 1.24。

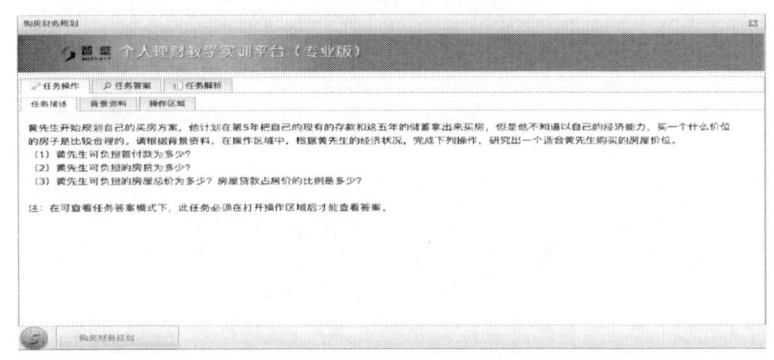

圖 1.23　購房規劃任務描述

圖 1.24　購房規劃數據詳情

3. 按照實驗知識準備中的購房財務規劃的計算公式，測算可負擔首付金額、可負擔貸款，並填入操作區域的表格中。見圖1.25。

可负担的首付明细

单位：元

年度	年收入	年储蓄	储蓄部分在购房时的终值
0	---		
1			
2			
3			
4			
5			
终值总计			

可负担的贷款部分

单位：元

项目	结果
未来购房时（第六年）年收入中可负担贷款的部分	
可负担的贷款部分（未来还贷款10年年收入中可负担贷款现值合计）	

房屋总价与比率

项目	结果
可负担的房屋总价（元）	
房屋贷款额占房屋总价的比率（%）	
此贷款计划是否合理	○合理 ○不合理

圖1.25　購房規劃操作區域

4. 繼續打開「個人住房商業性貸款」，運用消費信貸不同還款方式的公式，選擇正確的還款方式，計算還款金額。見圖1.26。

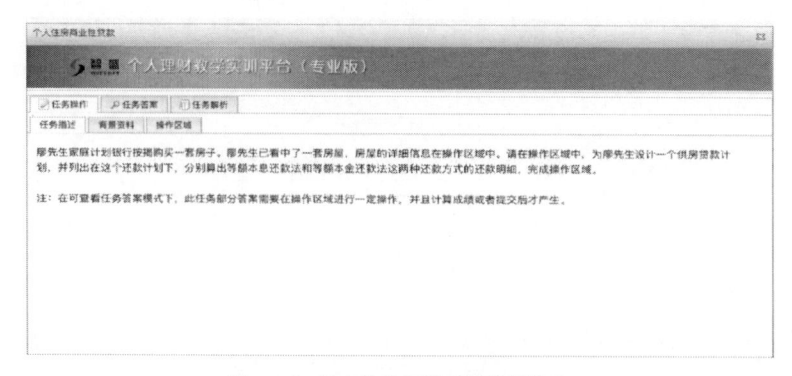

圖1.26　個人住房商業貸款規劃描述

5. 在操作區域獲取購房數據。見圖 1.27。

圖 1.27　購房按揭計劃

6. 在操作區域完成不同還款方式每月按揭款的計算，並比較兩種還款方式的優劣勢。見圖 1.28。

圖 1.28　按揭還款方式比較

【實訓思考】

1. 談談你對投資理財過程中流動性管理的重要性的理解。
2. 銀行儲蓄與銀行理財產品的區別。
3. 你使用過餘額寶、螞蟻花唄等互聯網金融工具嗎？與銀行儲蓄相比，它們的優點和缺點是什麼？
4. 你的家庭的住房消費信貸的還款方式是哪一種？等額本金和等額本息還款方式的優點和缺點是什麼？
5. 你願意使用信用卡或分期支付購買電腦嗎？為什麼？

第二篇

模擬實訓篇

實訓四　金融工具模擬投資

【實訓目的與要求】

1. 理解和掌握各種金融投資工具的基本內涵、投資特點。
2. 運用金融投資交易系統，熟練掌握和運用金融投資工具。
3. 理解和掌握各種金融投資工具對投資理財的重要性。
4. 掌握宏觀經濟分析與金融投資的關係。
5. 理解和掌握現金流貼現模型。
6. 理解和掌握股票定價的零增長模型。
7. 理解和掌握股票定價的不變增長模型。
8. 理解和掌握股票定價的可變增長模型。
9. 理解和掌握影響股票投資價值的內部因素。
10. 理解和掌握影響股票投資價值的外部因素。
11. 熟練掌握和運用股票的基本分析方法和技巧。
12. 熟練掌握債券估值和投資分析的基本方法和技巧。
13. 熟練掌握基金估值和投資分析的基本方法和技巧。
14. 熟練掌握和運用股票技術分析方法，並對股票進行投資分析。
15. 能夠熟練運用證券分析系統對金融投資理財進行綜合分析。
16. 在教師的指導下獨立完成實驗，得出正確的結果，並完成實驗報告。

【實訓準備知識】

一、股票及股票投資

（一）股票的內涵

股票是一種有價證券，是股份有限公司簽發的證明股東所持有股份的憑證。《中華人民共和國公司法》規定，股票採用紙質形式或者國務院證券監督管理機構規定的其他形式。股票應載明的事項主要有：公司名稱、公司成立的日期、股票種類、票面金額及代表的股份數、股票的編號。股票由法定代表人簽名，公司蓋章。發起人的股票，應當標明「發起人股票」字樣。

（二）股票的特徵

1. 收益性

收益性是股票最基本的特徵，是指股票可以為持有人帶來收益的特性。股票收益來源可分成兩類：一是來自發行股票的公司，其收益大小取決於公司的經營狀況和盈利水準。二是來自股票流通，其收益大小是買賣股票的價差，又稱資本得利。

2. 風險性

風險性是指持有股票可能產生經濟利益損失的特徵。股票的風險性是與股票的收益性相對應的。認購了股票，投資者既有可能獲取較高的投資收益，同時也要承擔較大的投資風險。

3. 流動性

判斷流動性強弱的三個方面：市場深度、報價緊密度、價格彈性（恢復能力）。需要注意的是，由於股票的轉讓可能受各種條件或法律法規的限制，因此，並非所有股票都具有相同的流動性。通常情況下，大盤股流動性強於小盤股，上市公司股票的流動性強於非上市公司股票，而上市公司股票又可能因市場或監管原因而受到轉讓限制，從而具有不同程度的流動性。

4. 永久性

永久性是指股票所載有權利的有效性是始終不變的，因為它是一種無期限的法律憑證。股票是一種無期限的法律憑證，它反應著股東與公司之間比較穩定的經濟關係；同時，投資者購買了股票就不能退股，股票的有效存在又是與公司的存續期相聯繫的。

5. 參與性

股票的持有者即是發行股票的公司的股東，有權出席股東大會、選舉公司的董事會、參與公司的經營決策。股票持有者的投資意志和享有的經濟利益，通常是通過使股東參與權而實現的。股東參與公司經營決策的權利大小，取決於其所持有的股份的多少。

（三）與股票相關的部分概念

1. 股利政策

股利政策是指股份公司對公司經營獲得的盈餘公積和應付利潤採取現金分紅或派息、發放紅股等方式回饋股東的制度與政策。股利政策體現了公司的發展戰略和經營思路。穩定可預測的股利政策有利於股東利益最大化，是股份公司穩健經營的重要指標。獲取經常性收入是投資者購買股票的重要原因之一，分紅派息是股票投資者收入的主要來源。從理論上說，不管公司盈利前景如何看好，如果一家上市公司永遠不分紅，則它的股票將毫無價值。

（1）派現。派現也稱現金股利，是指股份公司以現金分紅方式將盈餘公積和當期應付利潤的部分或全部發放給股東，股東為此應支付所得稅。中國對個人投資者獲取上市公司現金分紅使用的利息稅率為20%，目前減半徵收。機構投資者

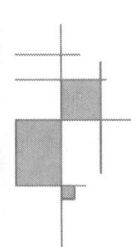

由於本身需要繳納所得稅，為避免雙重稅負，在獲取現金分紅時不需要繳稅。現金股利的發放致使公司的資產和股東權益減少同等數額，導致企業現金流出，是真正的股利。穩定的現金股利政策對公司現金流管理有較高的要求，通常將那些經營業績較好，具有穩定且較高的現金股利支付的公司股票稱為藍籌股。

（2）送股。送股也稱股票股利，是指股份公司對原有股東採取無償派發股票的行為。送股時，將上市公司的留存收益轉入股本帳戶，留存收益包括盈餘公積和未分配利潤，現在的上市公司一般只將未分配利潤部分送股。送股實質上是留存利潤的凝固化和資本化，表面上看，送股後，股東持有的股份數量因此而增長，其實股東在公司裡佔有的權益份額和價值均無變化。投資者獲上市公司送股時也需繳納所得稅（目前10%）。

（3）資本公積金轉增股本。資本公積金是在公司的生產經營之外，由資本、資產本身及其他原因形成的股東權益收入。股份公司的資本公積金，主要來源於股票發行的溢價收入、接受的贈予、資產增值、因合併而接受其他公司資產淨額等。其中，股票發行溢價是上市公司最常見、最主要的資本公積金來源。資本公積金轉增股本是在股東權益內部，把公積金轉到「實收資本」或者「股本」帳戶，並按照投資者所說持有公司的股份額比例分到各個投資者的帳戶中，以此增加每個投資者的投資資本。資本公積金轉增股本同樣會增加投資者持有的股份數量，但實質上，它不屬於利潤分配行為，因此投資者無須納稅。

（4）四個重要日期。股利宣布日，即公司董事會將分紅派息的消息公布於眾的時間。股權登記日，即統計並確認有權參加本期股利分配的股東名單的截止日期，在此日期前持有公司股票的股東方能享受股利發放。除息除權日，通常為股權登記日之後的1個工作日，本日之後（含本日）買入的股票不再享有本期股利。派發日，即股利正式發放給股東的日期。

2. 股票分割與合併

股票分割又稱拆股、拆細，是將1股股票均等地拆成若干股。股票合併又稱並股，是將若干股股票合併為1股。從理論上說，不論是分割還是合併，並不影響股東權益的數量及占公司總股權的比重，因此，也應該不會影響調整後股價。但事實上，股票分割與合併通常會刺激股價上升，其中原因頗為複雜，但至少存在以下理由：股票分割通常適用於高價股，拆細之後每手股票總金額下降，便於吸引更多的投資者購買；並股則常見於低價股。

3. 增發、配股、轉增股本與股份回購

（1）增發。增發是指公司因業務發展需要增加資本額而發行新股。上市公司可以向公眾公開增發，也可以向少數特定機構或個人增發。增發之後，公司註冊資本相應增加。增發之後，若會計期內在增量資本未能產生相應效益，將導致每股收益下降，則稱為稀釋效應，會促成股價下跌；從另一角度看，若增發價值高於增發前每股淨資產，則增發後可能會導致公司每股淨資產增厚，有利於股價上漲；再有，增發總體上增加了發行在外的股票總量，短期內增加了股票供給，若無相應需求增長，股價可能下跌。

（2）配股。配股是面向原有股東，按持股數量的一定比例增發新股，原股東

可以放棄配股權。現實中，由於配股價通常低於市場價格，配股上市之後可能導致股價下跌。在實踐中我們經常發現，對那些業績優良、財務結構健全、具有發展潛力的公司而言，增發和配股意味著將增加公司經營實力，會給股東帶來更多回報，股價不僅不會下跌可能還會上漲。

（3）轉增股本。轉增股本是將原本股東權益的資本公積轉為實收資本，股東權益總量和每位股東占公司的股份比例均未發生任何變化，唯一的變動是發行在外的總股數增加了。

（4）股份回購。上市公司利用自有資金，從公開市場上買回發行在外的股票，稱為股份回購。通常，股份回購會導致公司股價上漲。原因主要包括：首先，股份回購改變了原有供求平衡，增加需求，減少供給；其次，公司通常在股價較低時實施回購行為，而市場一般認為公司基於信息優勢做出的內部估值比外部投資者的估值更準確，從而向市場傳達了積極的信息。

二、因素股票投資的價值

（一）股票的內在價值

股票的內在價值即理論價值，也即股票未來收益的現值。股票的內在價值決定股票的市場價格，股票的市場價格總是圍繞其內在價值波動。

（二）影響股票投資價值的內部因素

1. 公司淨資產

淨資產或資產淨值是總資產減去總負債後的淨值，它是全體股東的權益，是決定股票投資價值的重要基準。（理論上）淨值應與股價保持一定比例：淨值增加，股價上漲；淨值減少，股價下跌。

2. 公司盈利水準

一般情況，預期公司盈利增加，可分配股利也會相應增加，股票市場價格上漲；預期公司盈利減少，可分配股利也會相應減少，股票市場價格下降。但值得注意的是，股票價格的漲跌和公司盈利的變化並不完全同時發生。

3. 公司的股利政策

股份公司的股利政策直接影響股票投資價值。在一般情況下，股票價格與股利水準呈正比。股利水準越高，股票價格越高；反之，股利水準越低，股票價格越低。股利來自公司的稅後盈利，但公司盈利的增加只為股利分配提供了可能，並非盈利增加股利一定增加。公司為合理地擴大再生產和回報股東，都會有一定的股利政策。股利政策體現了公司的經營作風和發展潛力，不同的股利政策對各期股利收入有不同影響。此外，公司對股利的分配方式也會對股價造成波動。

4. 股份分割

股份分割又稱「拆股」「拆細」，是將原有股份均等地拆成若干較小的股份。股份分割一般在年度決算月份進行，通常會刺激股價上升。股份分割給投資者帶來的不是現實的利益，因為股份分割前後投資者持有的公司淨資產和以前一樣，

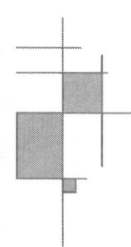

得到的股利也相同。但是，投資者持有的股份數量增加了，給投資者帶來了今後可多分股利和更高收益的預期，因此股份分割往往比增加股利分配對股價上漲的刺激作用更大。

5. 增資和減資

公司因業務發展需要增加資本額而發行新股的行為，對不同公司股票價格的影響不同。在沒有產生相應效益前，增資可能會使每股淨資產下降，因而可能會促使股價下跌。但對那些業績優良、財務結構健全且具發展潛力的公司而言，增資意味著將增加經營實力，會給股東帶來更多回報，股價不僅不會下跌，可能還會上漲。當公司宣布減資時，多半是因為經營不善、虧損嚴重、需要重新整頓，所以股價會大幅下降。

6. 公司資產重組

公司資產重組總會引起公司價值的巨大變動，因而其股價也隨之產生劇烈的波動。但需要分析公司重組對公司是否有利，重組後是否會改善公司的經營狀況，因為這些是決定股價變動方向的決定因素。

(三) 影響股票投資價值的外部因素

1. 宏觀經濟因素

宏觀經濟走向和相關政策是影響股票投資價值的重要因素。宏觀經濟走向包括經濟週期、通貨變動以及國際經濟形勢等因素。國家的貨幣政策、財政政策、收入分配政策、證券市場監管政策等都會對股票投資價值產生影響。

2. 行業因素

產業發展狀況和趨勢對於該產業上市公司的影響是巨大的，因而產業的發展狀況和趨勢、國家產業政策和相關產業發展等都會對該產業上市公司的股票投資價值產生影響。

3. 市場因素

證券市場上投資者對股票走勢的心理預期會對股票價格走勢產生重要的影響。市場中散戶投資者往往有從眾心理，對股市產生助漲助跌的作用。

三、股票內在價值的計算方法

(一) 現金流貼現模型

1. 一般公式

現金流貼現模型是運用收入的資本化定價方法來決定普通股票的內在價值的方法。其公式是：

$$V = \frac{D_1}{1+k} + \frac{D_2}{(1+k)^2} + \frac{D_3}{(1+k)^3} + \cdots + \frac{D_\infty}{(1+k)^\infty} = \sum_{t=1}^{\infty} \frac{D_t}{(1+k)^t} \quad (2.1)$$

上式中：V——股票在期初的內在價值；

D_t——時期 t 末以現金形式表示的每股股息；

K——一定風險程度下現金流的合適貼現率(即必要收益率)。

根據公式（2.1），可以引出淨現值的概念。淨現值（NPV）等於內在價值（V）與成本（P）之差，即：

$$NPV = V - P = \sum_{t=1}^{\infty} \frac{D_t}{(1+k)^t} - P \qquad (2.2)$$

上式中：P——在 $t = 0$ 時購買股票的成本。

如果 NPV >0，意味著預期的現金流入的現值之和大於投資成本，即這種股票價格被低估價格，因此購買這種股票可行。

如果 NPV <0，意味著預期的現金流入的現值之和小於投資成本，即這種股票價格被高估，因此不可購買這種股票。

2. 內部收益率

內部收益率就是指使得投資淨現值等於零的貼現率。其公式是：

$$NPV = V - P = \sum_{t=1}^{\infty} \frac{D_t}{(1+k^*)^t} - P = 0 \qquad (2.3)$$

所以

$$P = \sum_{t=1}^{\infty} \frac{D_t}{(1+k^*)^t}$$

由此可見，內部收益率實際上是使得未來股息流貼現值恰好等於股票市場價格的貼現率。由（2.3）式可以解出內部收益率 k^*，將 k^* 與具有同等風險水準股票的必要收益率 k 相比較：$k^* > k$，可考慮購買這種股票；$k^* < k$，則不要購買這種股票。

運用現金流貼現模型決定普通股票內在價值存在著一個問題，即投資者必須預測所有未來時期支付的股息。由於普通股票沒有一個固定的生命週期，因此通常要給無窮多個時期的股息流加上一些假定，以便於計算股票的內在價值。這些假定始終圍繞著股息增長率 g_t。一般假定相鄰兩個時期的股息 D_{t-1} 和 D_t 之間滿足如下關係：

$$D_t = D_{t-1}(1 + g_t)$$

$$g_t = \frac{D_t - D_{t-1}}{D_{t-1}} \times 100\% \qquad (2.4)$$

不同股息增長率的假定派出不同類型的貼現現金流模型。

（二）零增長模型

從本質上來說，零增長模型和不變增長模型都可以看作是可變增長模型的特例。零增長模型實際上是不變增長模型的一個特例。

1. 公式

零增長模型假定股息增長率等於零，即 $g = 0$。也就是說，未來的股息按一個固定數量支付。根據這個假定，我們用 D_0 來替換 D_t，得：

$$V = \sum_{t=1}^{\infty} \frac{D_0}{(1+k)^t} = D_0 \sum_{t=1}^{\infty} \frac{1}{(1+k)^t} \qquad (2.5)$$

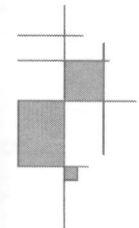

因為 $k > 0$，按照數學中無窮級數的性質，可知：

$$\sum_{t=1}^{\infty} \frac{1}{(1+k)^t} = \frac{1}{k} \qquad (2.6)$$

因此，零增長模型公式為：

$$V = \frac{D_0}{K}$$

上式中：V—— 股票的內在價值；
D_0—— 在未來每期支付的每股股息；
K—— 到期收益率。

2. 內部收益率

零增長模型也可用於計算投資於零增長證券的內部收益率。用證券的當前價格 P 代替 V，用 k^*（內部收益率）替換 k，零增長模型可變形為：

$$P = \sum_{t=1}^{\infty} \frac{D_0}{(1+k^*)^t} = \frac{D_0}{k^*} \qquad (2.7)$$

進行轉換，可得：

$$k^* = \frac{D_0}{P} \times 100\%$$

3. 應用

零增長模型的應用似乎受到一些的限制，畢竟假定對某一種股票永遠支付固定的股息是不合理的，但在特定的情況下，對於決定普通股票的價值仍然是有用的。在決定優先股的內在價值時這種模型相當有用，因為大多數優先股支付的股息是固定的。

（三）不變增長模型

不變增長模型可以分為兩種形式：一種是股息按照不變的增長率增長；另一種是股息以固定不變的絕對值增長。如果我們假設股息永遠按不變的增長率增長，就可以建立不變增長模型。

1. 公式

假設時期 t 的股息為：

$$D_t = D_{t-1}(1+g) = D_0(1+g)^t$$

將 $D_t = D_0(1+g)^t$ 代入現金流貼現模型(2.1)式中，可得：

$$V = \sum_{t=1}^{\infty} D_0 \frac{(1+g)^t}{(1+k)^t} = D_0 \sum_{t=1}^{\infty} \frac{(1+g)^t}{(1+k)^t}$$

運用數學中無窮級數的性質，如果 $k > g$，可得：

$$\sum_{t=1}^{\infty} \frac{(1+g)^t}{(1+k)^t} = \frac{1+g}{k-g}$$

從而得出不變增長模型：

$$V = D_0 \frac{1+g}{k-g} \qquad (2.8)$$

由於 $D_t = D_{t-1}(1+g)$，有時把(2.8)式寫成如下形式：

$$V = \frac{D_1}{k-g} \tag{2.9}$$

2. 內部收益率(k^*)

利用不變增長模型同樣可以用於求解股票的內部收益率。首先，用股票的市場價格 P 代替 V；其次，用 k^* 代替 k，其結果是：

$$P = D_0 \frac{1+g}{k^*-g}$$

經過變換，可得：

$$k^* = (D_0 \frac{1+g}{P} + g) \times 100\% = (\frac{D_1}{P} + g) \times 100\%$$

(四) 可變增長模型

模型和不變增長模型都對股息的增長率進行了一定的假設。事實上，股息的增長率是變化不定的，因此，零增長模型和不變增長模型並不能很好地在現實中對股票的價值進行評估。下面，我們主要對可變增長模型中的二元增長模型進行介紹。

1. 公式

二元增長模型假定在時間 L 以前，股息以一個不變的增長速度 g_1 增長；在時間 L 後，股息以另一個不變的增長速度 g_2 增長。在此假定下，我們可以建立二元可變增長模型：

$$\begin{aligned} V &= \sum_{t=1}^{L} D_0 \frac{(1+g_1)^t}{(1+k)^t} + \sum_{t=L+1}^{\infty} D_L \frac{(1+g_2)^{t-L}}{(1+k)^t} \\ &= \sum_{t=1}^{L} D_0 \frac{(1+g_1)^t}{(1+k)^t} + \frac{1}{(1+k)^L} \sum_{t=L+1}^{\infty} D_L \frac{(1+g_2)^{t-L}}{(1+k)^{t-L}} \\ &= \sum_{t=1}^{L} D_0 \frac{(1+g_1)^t}{(1+k)^t} + \frac{1}{(1+k)^L} \frac{D_{L+1}}{(k-g_2)} \end{aligned} \tag{2.10}$$

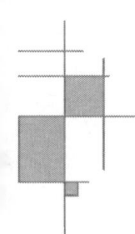

$$D_{L+1} = D_0(1+g_1)^t(1+g_2)$$

【例2.1】 A公司目前股息為每股0.20元，預期回報率為16%，未來5年中超常態增長率為20%，隨後的增長率為10%，即 $D_0 = 0.20$，$g_1 = 0.20$，$g_2 = 0.10$，$L = 5$，$k = 0.16$，代入(2.10)式得：

$$\begin{aligned} V &= \sum_{t=1}^{L} D_0 \frac{(1+g_1)^t}{(1+k)^t} + \frac{1}{(1+k)^L} \frac{D_{L+1}}{(k-g_2)} \\ &= \sum 0.20 \times \frac{(1+0.20)^t}{(1+0.16)^t} + \frac{1}{(1+0.16)^5} \times \frac{D_{L+1}}{0.16-0.10} \\ &= 1.11 + 4.34 \\ &= 5.45(\text{元}) \end{aligned}$$

其中：

$$D_{L+1} = D_0(1+g_1)^t(1+g_2)$$
$$= 0.2 \times (1+0.2)^5(1+0.10)$$
$$= 0.547$$

因此，A公司股票的理論價值為5.45元。當市場價格高於5.45元時，則投資者應該買進該股票。

2. 內部收益率

在可變增長模型中，用股票的市場價格P代替V，k^*代替k，同樣可以計算出收益率k^*。不過，由於可變增長模型相對較為複雜，不容易直接得出內部收益率，因此，主要採取試錯法來計算k^*。

試錯法的主要思路是，首先估計一個收益水準k_1^*，然後將其代入可變增長模型中。

3. 應用

如果計算出在此收益率水準下股票的理論價值高於股票的市場價格，則認為估計的收益率水準低於實際的內部收益率k^*。同理，如果計算出在此收益率水準下股票的理論價值低於股票的市場價格，則認為估計的收益率水準高於實際的內部收益率k^*。這樣，通過反復試錯，所估計的收益率水準將逐步逼近實際的收益率水準。

四、債券的基本概述

（一）債券的定義

債券是一種有價證券，是社會各類經濟主體為籌集資金而向債券投資者出具的、承諾按一定利率定期支付利息並到期償還本金的債權債務憑證。債券上規定資金借貸的權責關係主要有三點：第一，所借貸貨幣的數額；第二，借款時間；第三，在借貸時間內應有的補償或代價是多少（即債券的利息）。債券包含四個方面的含義：第一，發行人是借入資金的經濟主體；第二，投資者是出借資金的經濟主體；第三，發行人需要在一定時期付息還本；第四，債券反應了發行者和投資者之間的債權、債務關係，而且是這一關係的法律憑證。

（二）債券的票面要素

1. 債券的票面價值

債券的票面價值是債券票面標明的貨幣價值，是債券發行人承諾在債券到期日償還給債券持有人的金額。

債券的票面價值要標明的內容主要有：幣種、票面的金額。票面金額大小不同，可以適應不同的投資對象，同時也會產生不同的發行成本。票面金額定得較小，有利於小額投資者，購買持有者分佈面廣，但債券本身的印刷及發行工作量大，費用可能較高；票面金額定得較大，有利於少數大額投資者認購，且印刷費用等也會相應減少，但小額投資者無法參與。因此，債券票面金額的確定也要根據債券的發行對象、市場資金供給情況及債券發行費用等因素綜合考慮。

2. 債券的到期期限

債券到期期限是指債券從發行之日起至償清本息之日止的時間，也是債券發行人承諾履行合同義務的全部時間。

決定償還期限的主要因素：資金使用方向、市場利率變化、債券變現能力。

一般來說，當未來市場利率趨於下降時，應發行期限較短的債券；而當未來市場利率趨於上升時，應發行期限較長的債券，這樣有利於降低籌資者的利息負擔。

3. 債券的票面利率

影響債券票面利率的因素：第一，借貸資金市場利率水準。第二，籌資者的資信。第三，債券期限長短。一般來說，期限較長的債券流動性差，風險相對較大，票面利率應該定得高一些；而期限較短的債券流動性強，風險相對較小，票面利率就可以定得低一些。

(三) 債券的分類

1. 政府債券

政府債券的發行主體是政府。中央政府發行的債券稱為國債，其主要用途是解決由政府投資的公共設施或重點建設項目的資金需要和彌補國家財政赤字。有些國家把政府擔保的債券也劃歸為政府債券體系，稱為政府保證債券。

2. 金融債券

金融債券的發行主體是銀行或非銀行的金融機構。金融機構一般有雄厚的資金實力，信用度較高，因此，金融債券往往也有良好的信譽。它們發行債券的目的主要有：籌資用於某種特殊用途；改變本身的資產負債結構。金融債券的期限以中期較為多見。

3. 公司債券

公司債券是公司依照法定程序發行，約定在一定期限還本付息的有價證券。

五、證券投資基金概述

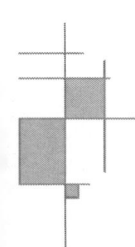

(一) 證券投資基金

證券投資基金是指通過公開發售基金份額募集資金，由基金託管人託管，基金管理人管理和運用資金，為基金份額持有人的利益，以資產組合方式進行證券投資的一種利益共享、風險共擔的集合投資方式。

各國對證券投資基金的稱謂不盡相同，如美國稱「共同基金」，英國和中國香港地區稱「單位信託基金」，日本和臺灣地區則稱「證券投資信託基金」等。英國 1868 年由政府出面組建了海外和殖民地政府信託組織，公開向社會發售受益憑證。基金起源於英國，基金產業已經與銀行業、證券業、保險業並駕齊驅，成為現代金融體系的四大支柱。

（二）證券投資基金的特點

1. 集合投資

基金的特點是將零散的資金匯集起來，交給專業機構投資於各種金融工具，以謀取資產的增值。基金對投資的最低限額要求不高，投資者可以根據自己的經濟能力決定購買數量，有些基金甚至不限制投資額大小。

2. 分散風險

以科學的投資組合降低風險、提高收益是基金的另一大特點。

3. 專業理財

將分散的資金集中起來以信託方式交給專業機構進行投資運作，既是證券投資基金的一個重要特點，也是它的一個重要功能。

（三）證券投資基金的分類

1. 按基金的組織形式不同，基金可分為契約型基金和公司型基金

契約型基金又稱為單位信託，是指將投資者、管理人、託管人三者作為基金的當事人，通過簽訂基金契約的形式發行受益憑證而設立的一種基金。公司型基金是依據基金公司章程設立，在法律上具有獨立法人地位的股份投資公司。公司型基金在組織形式上與股份有限公司類似，由股東選舉董事會，由董事會選聘基金管理公司，基金管理公司負責管理基金的投資業務。

2. 按基金運作方式不同，基金可分為封閉式基金和開放式基金

封閉式基金是指經核准的基金份額總額在基金合同期限內固定不變，基金份額可以在依法設立的證券交易場所交易，但基金份額持有人不得申請贖回原基金。決定基金期限長短的因素主要有兩個：一是基金本身投資期限的長短。二是宏觀經濟形勢。開放式基金是指基金份額總額不固定，基金份額可以在基金合同約定的時間和場所申購或者贖回的基金。

封閉式基金與開放式基金有以下主要區別：①期限不同。②發行規模限制不同。③基金份額交易方式不同。（絕大多數開放式基金不上市交易）。④基金份額的交易價格計算標準不同。封閉式基金與開放式基金的基金份額除了首次發行價都是按面值加一定百分比的購買費計算外，以後的交易計價方式不同。封閉式基金的買賣價格受市場供求關係的影響，常出現溢價或折價現象，並不必然反應單位基金份額的淨資產值。開放式基金的交易價格則取決於每一基金份額淨資產值的大小，其申購價一般是基金份額淨資產值加一定的購買費，贖回價是基金份額淨資產值減去一定的贖回費，不直接受市場供求影響。⑤基金份額資產淨值公布的時間不同。封閉式基金一般每週或更長時間公布一次，開放式基金一般在每個交易日連續公布。⑥交易費用不同。投資者在買賣封閉式基金時，在基金價格之外要支付手續費；投資者在買賣開放式基金時，則要支付申購費和贖回費。⑦投資策略不同。封閉式基金在封閉期內基金規模不會減少，因此可進行長期投資，基金資產的投資組合能有效地在預定計劃內進行。

3. 特殊類型的基金

（1）ETF。ETF 是英文「Exchange Traded Funds」的簡稱，常被譯為「交易所交易基金」，上海證券交易所則將其定名為「交易型開放式指數基金」。ETF 是一種在交易所上市交易的、基金份額可變的一種基金運作方式。ETF 結合了封閉式基金與開放式基金的運作特點，一方面可以像封閉式基金一樣在交易所二級市場進行買賣，另一方面又可以像開放式基金一樣申購、贖回。不同的是，它的申購是用一籃子股票換取 ETF 份額，贖回時也是換回一籃子股票而不是現金。這種交易方式使該類基金存在一、二級市場之間的套利機制，可有效防止類似封閉式基金的大幅折價現象。

（2）LOF。上市開放式基金（Listed Open—ended Funds，LOF）是一種既可以同時在場外市場進行基金份額申購、贖回，又可以在交易所進行基金份額交易和基金份額申購或贖回，並通過份額轉託管機制將場外市場與場內市場有機地聯繫在一起的一種開放式基金。

（3）QDII 基金。QDII 是 Qualified Domestic Institutional Investors（合格的境內機構投資者）的首字縮寫。QDII 基金是指在一國境內設立，經該國有關部門批准從事境外證券市場的股票、債券等有價證券投資的基金。它為國內投資者參與國際市場投資提供了便利。2007 年中國推出了首批 QDII 基金。

六、證券投資基金的費用

（一）基金管理費

基金管理費通常按照每個估值日基金淨資產的一定比率（年率）逐日計提，累計至每月月底，按月支付。管理費率的大小通常與基金規模成反比，與風險成正比。基金規模越大，風險越小，管理費率就越低；反之，則越高。不同的國家及不同種類的基金，管理費率不完全相同。中國基金的年管理費率最初為 2.5%，隨著基金規模的擴大和競爭的加劇，管理費有逐步調低的傾向。目前，中國股票基金大部分按照 1.5% 的比例計提基金管理費，債券基金的管理費率一般低於 1%，貨幣基金的管理費率為 0.33%。管理費通常從基金的股息、利息收益中或從基金資產中扣除，不另向投資者收取。

（二）基金託管費

基金託管費是指基金託管人為保管和處置基金資產而向基金收取的費用。託管費通常按照基金資產淨值的一定比率提取，逐日計算並累計，按月支付給託管人。託管費從基金資產中提取，費率也會因基金種類不同而異。目前，中國封閉式基金按照 0.25% 的比例計提基金託管費，開放式基金根據基金合同的規定比例計提，通常低於 0.25%；股票型基金的託管費率要高於債券型基金及貨幣市場基金的託管費率。中國規定，基金託管人可磋商酌情調低基金託管費，經中國證監會核准後公告，無須為此召開基金持有人大會。

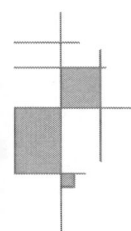

（三）基金交易費

基金交易費是指基金在進行證券買賣交易時所發生的相關交易費用。目前，中國證券投資基金的交易費用主要包括印花稅、交易佣金、過戶費、經手費、證管費。交易佣金由證券公司按成交金額的一定比例向基金收取，印花稅、過戶費、經手費、證管費等則由登記公司或交易所按有關規定收取。參與銀行間債券交易的，還需向中央國債登記結算有限責任公司支付銀行間帳戶服務費，向全國銀行間同業拆借中心支付交易手續費等服務費用。

（四）基金運作費

基金運作費指為保證基金正常運作而發生的應由基金承擔的費用，包括審計費、律師費、上市年費、信息披露費、分紅手續費、持有人大會費、開戶費、銀行匯劃手續費等。按照有關規定，發生的這些費用如果影響基金份額淨值小數點後第 5 位的，即發生的費用大於基金淨值十萬分之一，應採用預提或待攤的方法計入基金損益。發生的費用如果不影響基金份額淨值小數點後第 5 位的，即發生的費用小於基金淨值十萬分之一，應於發生時直接計入基金損益。

（五）基金銷售服務費

目前只有貨幣市場基金以及其他經中國證監會核准的基金產品收取基金銷售服務費，基金管理人可以依照相關規定從基金財產中持續計提一定比例的銷售服務費。收取銷售服務費的基金通常不再收取申購費。

七、證券投資基金資產估值及利潤分配

（一）基金資產淨值

基金資產總值是指基金所擁有的各類證券的價值、銀行存款本息、基金應收的申購基金款以及其他投資所形成的價值總和。基金資產淨值是指基金資產總值減去負債後的價值。基金份額淨值是指某一時點上某一投資基金每份基金份額實際代表的價值。

基金資產淨值和基金份額淨值計算公式如下：
基金資產淨值＝基金資產總值－基金負債
基金份額淨值＝基金資產淨值/基金總份額

基金資產淨值是衡量一個基金經營業績的主要指標，也是基金份額交易價格的內在價值和計算依據。

（二）基金資產估值

基金資產估值是指通過對基金所擁有的全部資產及所有負債按一定的原則和方法進行估算，進而確定基金資產公允價值的過程。

1. 估值的目的

基金資產估值的目的是客觀、準確地反應基金資產的價值。經基金資產估值

後確定的基金資產淨值而計算出的基金份額淨值，是計算基金份額轉讓價格尤其是計算開放式基金申購與贖回價格的基礎。

2. 估值對象

估值對象為基金依法擁有的各類資產，如股票、債券、權證等。

3. 估值日的確定

基金管理人應於每個交易日當天對基金資產進行估值。

4. 估值暫停

基金管理人雖然必須按規定對基金淨資產進行估值，但遇到下列特殊情況，可以暫停估值：

（1）基金投資所涉及的證券交易所遇法定節假日或因其他原因暫停營業時。

（2）因不可抗力或其他情形致使基金管理人、基金託管人無法準確評估基金資產價值時。

（3）占基金相當比例的投資品種的估值出現重大轉變，而基金管理人為保障投資人的利益，已決定延遲估值。

（4）如出現基金管理人認為屬於緊急事故的任何情況，會導致基金管理人不能出售或評估基金資產的。

（5）中國證監會和基金合同認定的其他情形。

（三）證券投資基金的收入及利潤分配

1. 證券投資基金的收入來源

證券投資基金收入是基金資產在運作過程中所產生的各種收入，主要包括利息收入、投資收益以及其他收入。基金資產估值引起的資產價值變動作為公允價值變動損益計入當期損益。

2. 證券投資基金的利潤分配

基金利潤（收益）分配通常有兩種方式：一是分配現金，這是最普遍的分配方式；二是分配基金份額，即將應分配的淨利潤折為等額的新的基金份額送給受益人。按照中國《證券投資基金管理辦法》的規定，封閉式基金的收益分配每年不得少於一次，封閉式基金年度收益分配比例不得低於基金年度已實現收益的90%。封閉式基金一般採用現金方式分紅。

開放式基金的基金合同應當約定每年基金利潤分配的最多次數和基金利潤分配的最低比例。開放式基金的分紅方式有現金分紅和分紅再投資轉換為基金份額兩種。根據規定，基金利潤分配應當採用現金方式。開放式基金的基金份額持有人可以事先選擇將所獲分配的現金利潤按照基金合同有關基金份額申購的約定轉為基金份額；基金份額持有人事先未做出選擇的，基金管理人應當支付現金。

八、金融期貨合約與金融期貨市場

（一）金融期貨的定義

期貨合約是由交易雙方訂立的，約定在未來某日按成交時約定的價格交割一

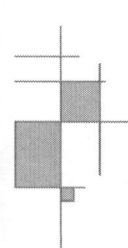

定數量的某種商品的標準化協議。

(二) 金融期貨的主要交易制度

1. 集中交易制度

金融期貨是在期貨交易所或證券交易所進行集中交易。期貨交易所是期貨市場的核心。

2. 標準化期貨合約和對沖機制

略。

3. 保證金及其槓桿作用

設立保證金的主要目的是當交易者出現虧損時能及時制止，防止出現不能償付的現象。雙方成交時繳納的保證金叫初始保證金。

4. 結算所和無負債結算制度

結算所是期貨交易的專門清算機構，通常附屬於交易所，但又以獨立的公司形式組建。所有的期貨交易都必須通過結算會員由結算機構進行，而不是由交易雙方直接交收清算。結算所實行無負債的每日結算制度，又稱逐日盯市制度，就是以每種期貨合約在交易日收盤前最後1分鐘或幾分鐘的平均成交價作為當日結算價，與每筆交易成交時的價格做對照，計算每個結算所會員帳戶的浮動盈虧，進行隨市清算。由於逐日盯市制度以1個交易日為最長的結算週期，對所有帳戶的交易頭寸按不同到期日分別計算，並要求所有的交易盈虧都能及時結算，從而能及時調整保證金帳戶，控制市場風險。

5. 限倉制度

限倉制度是交易所為了防止市場風險過度集中和防範操縱市場的行為，而對交易者持倉數量加以限制的制度。

6. 大戶報告制度

設立大戶報告制度是以便交易所審查大戶是否有過度投機和操縱市場行為。限倉制度和大戶報告制度是降低市場風險，防止人為操縱，提供公開、公平、公正市場環境的有效機制。

7. 每日價格波動限制及斷路器規則

略。

(三) 金融期貨的種類

金融期貨按照基礎工具可劃分為：外匯期貨、利率期貨、股權類期貨。

1. 外匯期貨

外匯期貨又稱貨幣期貨，是金融期貨中最先產生的品種，主要用於規避外匯風險。外匯期貨交易產生：1972年芝加哥商業交易所（CME）所屬國際貨幣市場（IMM）率先推出。

2. 利率期貨

利率期貨主要是為了規避利率風險而產生的。利率期貨1975年10月產生於美國芝加哥期貨交易所（CBOT）。

利率期貨品種：

（1）債券期貨：以國債期貨為主的債券期貨是各主要交易所最重要的利率期貨品種。1992年12月18日，上海證券交易所開辦國債期貨交易，並於1993年10月25日向社會公眾開放。「3.27」國債期貨事件，主要是因為期貨交易規則不完善而發生的。1995年5月17日，證監會暫停國債期貨試點。

（2）主要參考利率期貨：以主要參考利率為標的的期貨品種。

主要參考利率：倫敦銀行間同業拆放利率（1IBOR）、香港銀行間同業拆放利率（HIBOR）、歐洲美元定期存款單利率和聯邦基金利率等。

3. 股權類期貨

股權類期貨：以單只股票、股票組合、股票價格指數為基礎資產的期貨合約。

（1）股指期貨。股票價格指數期貨是以股票價格指數為基礎變量的期貨交易。1982年，美國堪薩斯期貨交易所正式開辦世界上第一個股票指數期貨交易。2006年9月8日，中國金融期貨交易所正式成立。

（2）單只股票期貨。

（3）股票組合期貨。股票組合期貨是以標準化的股票組合為基礎資產的金融期貨。

（四）滬深300股指期貨

選擇滬深300指數為中國金融期貨交易所首個股票指數期貨標的，主要考慮了以下三個方面：

第一，滬深300指數市場覆蓋率高，主要成分股權比重較分散，有利於防範指數操縱行為。

第二，滬深300指數成分股涵蓋能源、原材料、工業、可選消費、主要消費、健康護理、金融、信息技術、電信服務、公共事業等10個行業，各行業公司流通市值覆蓋率相對均衡，使得該指數能夠較好地對抗行業的週期性波動。

第三，滬深300指數的編製吸收了國際市場成熟的指數編製理念，有利於市場發揮和後續產品創新。

2. 股指期貨投資者適當性制度

略。

3. 交易規則

略。

（五）金融期貨的基本功能

1. 套期保值功能

（1）套期保值原理

期貨交易之所以能夠套期保值，其基本原理在於某一特定商品或金融工具的期貨價格和現貨價格受相同經濟因素的制約和影響，從而它們的變動趨勢大致相同；而且，現貨價格與期貨價格在走勢上具有收斂性，即當期貨合約臨近到期日

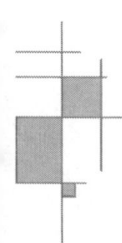

時，現貨價格與期貨價格將逐漸趨同。

若同時在現貨市場和期貨市場建立數量相同、方向相反的頭寸，則到期時不論現貨價格上漲或是下跌，兩種頭寸的盈虧恰好抵消，使套期保值者避免承擔風險損失。

（2）套期保值的基本做法

套期保值的基本做法是：在現貨市場買進或賣出某種金融工具的同時，做一筆與現貨交易品種、數量、期限相當但方向相反的期貨交易，以期在未來某一時間通過期貨合約的對沖，以一個市場的盈利來彌補另一個市場的虧損，從而規避現貨合約的對沖，以一個市場的盈利來彌補另一個市場的虧損，從而規避現貨價格變動帶來的風險，實現保值的目的。

套期保值的基本類型有兩種：一是多頭套期保值，二是空頭套期保值。

由於期貨交易的對象是標準化產品，因此，套期保值者很可能難以找到與現貨頭寸在品種、期限、數量上均恰好匹配的期貨合約。如果選用替代合約進行套期保值操作，則不能完全鎖定未來現金流，由此帶來的風險稱為「基差風險」。（基差＝現貨價格－期貨價格）

【例2.2】2010年3月1日，滬深300指數現貨報價為3,324點，在仿真交易市場，2010年9月到期（9月17日到期）的滬深300股指期貨合約報價為3,400點，某投資者持有價值為1億元的市場組合，為防範在9月18日之前出現系統性風險，可賣出9月份滬深300指數期貨進行保值。

如果該投資者做空100張9月到期合約〔100,000,000／（3,324×300）－100〕，則到9月17日收盤時：

現貨頭寸價值＝1億元×9月17日現貨收盤價／3月1日現貨報價

期貨頭寸盈虧＝300元×（9月17日期貨結算價－3月1日期貨報價）×做空合約張數在不同指數點位下頭寸變化，如表2.1所示。

表2.1　滬深300指數期貨套期保值

9月17日滬深300指數	現貨頭寸價值（元）	期貨頭寸盈虧（元）	合計（元）
2,900	87,244,284	12,720,000	99,964,284
3,000	90,252,707.58	9,720,000	99,972,707.58
3,100	93,261,131.17	6,720,000	99,981,131.17
3,200	96,269,554.75	3,720,000	99,989,554.75
3,300	99,277,978.34	720,000	99,997,978.34
3,400	102,286,401.9	－2,280,000	100,006,401.9
3,500	105,294,825.5	－5,280,000	100,014,825.5
3,600	108,303,249.1	－8,280,000	100,023,249.1
3,700	111,311,672.7	－11,280,000	100,031,672.7

由表2.1可知，經空頭套期保值後，不論2010年9月滬深300指數如何變化，該投資者的帳戶總值都基本維持不變。

2. 價格發現功能

價格發現功能是指在一個公開、公平、高效、競爭的期貨市場中，通過集中競價形成期貨價格的功能。期貨價格具有預期性、連續性和權威性的特點，能夠比較準確地反應出未來商品價格的變動趨勢。期貨市場之所以具有價格發現功能，是因為期貨市場將眾多影響供求關係的因素集中於交易所內，通過買賣雙方公開競價，集中轉化為一個統一的交易價格。

3. 投機功能

與所有有價證券交易相同，期貨市場上的投機者也會利用對未來期貨價格走勢的預期進行投機交易，預計價格上漲的投機者會建立期貨多頭，反之則建立空頭。期貨投機具有以下特徵：可 T+0，進行日內投機；高風險。

4. 套利功能

套利的理論基礎在於經濟學中的一價定律，即忽略交易費用的差異，同一商品只能有一個價格。

九、K 線理論

（一）K 線的畫法和主要形狀

1. K 線的畫法

K 線又稱為日本線，起源於日本。K 線中涉及的四個價格分別是：開盤價、最高價、最低價和收盤價。其中收盤價最為重要。K 線是一條柱狀的線條，由影線和實體組成。中間的矩形部分是實體，實體的上下端為開盤價和收盤價。實體上方的直線為上影線，上端點是最高價。實體下方的直線為下影線，下端點是最低價。根據開盤價和收盤價的關係，K 線又分為陽線和陰線兩種，收盤價高於開盤價時為陽線（紅線），收盤價低於開盤價時為陰線（黑線）。見圖 2.1。

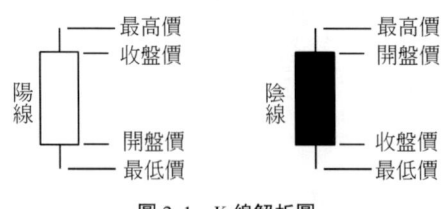

圖 2.1　K 線解析圖

（二）K 線的組合應用

K 線圖反應的是一段時間以來買賣雙方戰鬥的結果。

1. 單根 K 線的應用

應用單根 K 線研判行情，主要是從實體的長短、陰陽、上下影線的長短以及實體長短與上下影線長短之間的關係等幾個方面進行。如大陽線實體和大陰線實體；有上下影線的陽線和陰線；十字星。

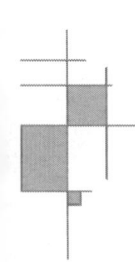

總之，應用一根 K 線進行分析時，多空雙方力量的對比取決於影線的長短與實體的大小。一般來說，指向一個方向的影線越長，越不利於股價今後朝這個方向變動。陰線實體越長，越有利於下跌；陽線實體越長，越有利於上漲。

2. 由多根 K 線的組合推測行情

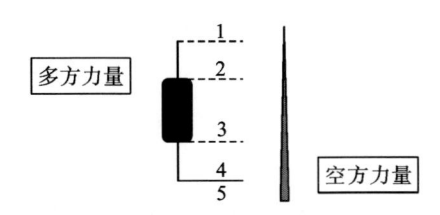

圖 2.2　K 線 5 區力量圖

對於兩根 K 線的組合來說，第二天的 K 線是進行行情判斷的關鍵。簡單地說，第二天多空雙方爭鬥的區域越高，越有利於上漲；越低，越有利於下跌，也就是說，從區域 1 到區域 5 是多方力量減少、空方力量增加的過程。K 線多的組合要比 K 線少的組合得出的結論更可靠。

（三）應用 K 線理論應注意的問題

由 K 線的組合得到的結論都是相對的，不是絕對的。

盡量使用根數多的 K 線組合。一般說來，多根 K 線組合得到的結果不大容易與事實相反。

十、切線理論

（一）趨勢分析

1. 趨勢的含義

趨勢是指股票價格的波動方向。

2. 趨勢的方向

趨勢的方向有三類：①上升方向；②下降方向；③水準方向（無趨勢方向）。

3. 趨勢的類型

按道氏理論的分類，趨勢分為三種類型：主要趨勢、次要趨勢和短暫趨勢。

（二）支撐線和壓力線

支撐線又稱為抵抗線，是指當股價下跌到某個價位附近時，會出現買方增加、賣方減少的情況，從而使股價停止下跌，甚至有可能回升。支撐線起阻止股價繼續下跌的作用。壓力線又稱阻力線，是指當股價上漲到某價位附近時，會出現賣方增加、買方減少的情況，股價會停止上漲，甚至回落。壓力線起到阻止股價繼續上升的作用。市場中主要有三種人：多頭、空頭和旁觀者。

一條支撐線或壓力線對當前影響的重要性應從三個方面考慮：一是股價在這個區域停留時間的長短；二是股價在這個區域伴隨的成交量大小；三是這個支撐區域或壓力區域發生的時間距離當前這個時期的遠近。很顯然，股價停留的時間越長、伴隨的成交量越大、離現在越近，則這個支撐或壓力區域對當前的影響就越大；反之就越小。

（三）趨勢線和軌道線

1. 趨勢線

（1）趨勢線的含義

由於證券價格變化的趨勢是有方向的，因而可以用直線將這種趨勢表示出來，這樣的直線稱為趨勢線。反應價格向上波動發展的趨勢線稱為上升趨勢線；反應價格向下波動發展的趨勢線則稱為下降趨勢線。由於股票價格的波動可分為長期趨勢、中期趨勢及短期趨勢三種，因此，描述價格變動的趨勢線分別為長期趨勢線、中期趨勢線與短期趨勢線三種。

由於價格波動經常變化，可能由升轉跌，也可能由跌轉升，甚至在上升或下跌途中轉換方向，因此，反應價格變動的趨勢線不可能一成不變，而是要隨著價格波動的實際情況進行調整。

（2）趨勢線的確認及其作用

要得到一條真正起作用的趨勢線，要經多方面的驗證才能最終確認，不合條件的一般應刪除。首先，必須確實有趨勢存在。也就是說，在上升趨勢中，必須確認出兩個依次上升的低點；在下降趨勢中，必須確認兩個依次下降的高點，才能確認趨勢的存在。其次，畫出直線後，還應得到第三個點的驗證才能確認這條趨勢線是有效的。一般說來，所畫出的直線被觸及的次數越多，其作為趨勢線的有效性越能得到確認，用它進行預測越準確有效。另外，這條直線延續的時間越長，越具有有效性。

2. 軌道線

兩條平行線組成的一個軌道，就是常說的上升和下降軌道。軌道的作用是限制股價的變動範圍，讓它不能變得太離譜，一個軌道一旦得到確認，那麼價格將在這個通道裡變動。對上面或下面的直線的突破將意味著行情有一個大的變化。

軌道線也是一個被確認的問題。一般而言，軌道線被觸及的次數越多，延續的時間越長，其被認可的程度和重要性越高。

（四）應用切線理論應注意的問題

切線為我們提供了很多價格移動可能存在的支撐線和壓力線，這些切線有很重要的作用。但是，支撐線、壓力線有被突破的可能，它們的價位只是一種參考，不能把它們當成萬能的工具。

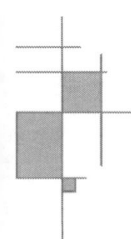

十一、形態理論

(一) 股價移動規律和兩種形態類型

1. 股價移動的規律

股價的移動取決於多空雙方力量的大小。

持續整理、保持平衡、打破平衡、新的平衡、再打破平衡……

2. 價格移動的兩種形態、類型

價格移動的兩種形態、類型包括：持續整理形態、反轉突破形態；前者保持平衡，後者打破平衡。

(二) 反轉突破形態（趨勢方向的反轉）

反轉突破形態主要有頭肩形態、多重頂（底）形態、圓弧頂（底）形態、喇叭形以及 V 形反轉形態等多種形態。

1. 頭肩形態

頭肩形態是實際股價形態中出現最多的一種形態，也是最著名和最可靠的反轉突破形態。它一般可分為頭肩頂、頭肩底以及複合頭肩形態三種類型。

（1）頭肩頂形態（可靠的沽出時機）。頭肩頂形態的形成過程大體如下：

①股價長期上升後，成交量大增，獲利回吐壓力亦增加，導致股價回落，成交量較大幅度下降，左肩形成。

②股價回升，突破左肩之頂點，成交量亦可能因充分換手而創紀錄，但價位過高使持股者產生恐慌心理，競相抛售，股價回跌到前一低點水準附近，頭部完成。

③股價第三次上升，但前段的巨額成交將不再重現，漲勢亦不再凶猛，價位到達頭部頂點之前即告回落，形成右肩。這一次下跌時，股價急速穿過頸線，再回升時，股價也僅能達到頸線附近，然後成下跌趨勢，頭肩頂形態宣告完成。

當頸線被突破，反轉確認以後，大勢將下跌。下跌的深度，可以借助頭肩頂形態的測算功能進行。

從突破點算起，股價將至少要跌到與形態高度相等的距離。

（2）頭肩底形態（買進時機）。略。

（3）複合頭肩形態。略。

2. 雙重頂和雙重底形態

雙重頂和雙重底就是 M 頭和 W 底，這種形態在實際中出現得也非常頻繁。

突破頸線就是突破軌道線、突破支撐線，所以也有突破被認可的問題。雙重頂反轉突破形態一旦得到確認，同樣具有測算功能，即從突破點算起，股價將至少要跌到與形態高度相等的距離。需要注意的是，雙重底的頸線突破時，必須有大成交量的配合，否則即可能為無效突破。

雙重頂反轉形態一般具有如下特徵：①雙重頂的兩個高點不一定在同一水準，兩者相關少於 3% 就不會影響形態的分析意義；②向下突破頸線時不一定有

大成交量伴隨，但日後繼續下跌時成交量會擴大；③雙重頂形態完成後的最小跌幅度量度方法是由頸線開始，至少會下跌從雙頭最高點到頸線之間的差價距離。

3. 三重頂（底）形態

比起頭肩形態來說，三重頂（底）形態更容易演變成持續形態，而不是反轉形態。

4. 圓弧形態（成交量是兩頭多，中間少）

圓弧形態在實際中出現的機會較少，但是一旦出現則是絕好的機會，它的反轉深度和高度是不可測的。

圓弧形態具有如下特徵：①形態完成、股價反轉後，行情多屬暴發性，漲跌急速，持續時間也不長，一般是一口氣走完，中間極少出現回擋或反彈。因此，形態確信後應立即順勢而為，以免踏空、套牢。②在圓弧頂或圓弧底形態的形成過程中，成交量的變化都是兩頭多，中間少。越靠近頂或底成交量越少，到達頂或底時成交量達到最少。在突破後的一段，都有相當大的成交量。③圓弧形態形成所花的時間越長，今後反轉的力度就越強，越值得人們去相信這個圓弧形。一般來說，應該與一個頭肩形態形成的時間相當。

5. 喇叭形（缺乏理性的市場）

喇叭形態具有如下特徵：①喇叭形一般是一個下跌形態，暗示升勢將到盡頭，只有在少數情況下股價在高成交量配合下向上突破時，才會改變其分析意義；②從成交量來看，整個喇叭形態形成期間都會保持不規則的大成交量，否則難以構成該形態；③喇叭形走勢的跌幅是不可量度的，一般說來，跌幅都會很大；④喇叭形源於投資者的非理性，因而在投資意願不強、氣氛低沉的市道中，不可能形成該形態。

6. V形反轉（失控）

V形走勢是一種很難預測的反轉形態，它往往出現在市場劇烈的波動之中。

（三）持續整理形態

持續整理形態包括：三角形、矩形、楔形和旗形。

1. 三角形態

三角形態分為：對稱三角形、上升三角形和下降三角形。

根據經驗，突破的位置一般應在三角形的橫向寬度的 1/2～3/4 的某個位置。三角形的橫向寬度指三角形的頂點到底的高度。

2. 矩形（可進行短線操作）

矩形又叫箱形，也是一種典型的整理形態，股票價格在兩條橫著的水準直線之間上下波動，作橫向延伸運動。

當矩形突破後，其漲跌幅度通常等於矩形本身寬度，這是矩陣形態的測算功能。

3. 旗形和楔形

這兩個形態的特殊之處在於，它們都有明確的形態方向，如向上或向下，並且形態方向與原有的趨勢方向相反。

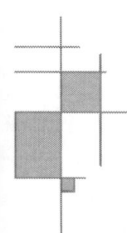

(1) 旗形

旗形大多發生在市場極度活躍、股價運動近乎直線上升或下降的情況下。在市場急速而又大幅的波動中，股價經過一連串緊密的短期波動後，形成一個稍微與原來趨勢呈相反方向傾斜的長方形，這就是旗形走勢。

旗形也有測算功能。旗形的形態高度是平行四邊形左右兩條邊的長度。旗形被突破後，股價將至少要走到形態高度的距離，大多數情況是走到旗杆高度的距離。

應用旗形時，有幾點要注意：

①旗形出現之前，一般應有一根旗杆，這是由於價格的直線運動形成的。

②旗形持續的時間不能太長，時間一長，保持原來趨勢的能力將下降。經驗告訴我們，持續時間應該短於3周。

③旗形形成之前和被突破之後，成交量都很大。在旗形的形成過程中，成交量從左向右逐漸減少。

(2) 楔形

如果將旗形中上傾或下傾的平等四邊形變成上傾或下傾的三角形，就會得到楔形。楔形可分為上升楔形和下降楔形兩種。上升楔形是指股價經過一次下跌後產生強烈技術性反彈，價格升至一定水準後又掉頭下落，但回落點比前次高，然後又上升至新高點，再回落，在總體上形成一浪高於一浪的勢頭。如果把短期高點相連，形成一向上傾斜直線，且兩者呈收斂之勢。

在楔形形成過程中，成交量漸次減少；在楔形形成之前和突破之後，成交量一般都很大。與旗形的另一個不同是，楔形形成所花費的時間較長，一般需要2周以上的時間方可完成。

(四) 缺口

缺口，通常又稱為跳空，是指證券價格在快速大幅波動中沒有留下任何交易的一段真空區域。缺口的寬度表明這種運動的強弱。一般來說，缺口愈寬，運動的動力愈大；反之，則愈小。不論向何種方向運動所形成的缺口，都將成為日後較強的支撐或阻力區域，不過這種支撐或阻力效能依不同形態的缺口而定。缺口劃分為四種：普通缺口、突破缺口、持續性缺口、消耗性缺口。

1. 普通缺口

它經常出現在股價整理形態中，特別是出現在矩形或對稱三角形等整理形態中。普通缺口的特徵：3日內回補，成交量小，很少有主動的參與者。普通缺口的這種短期內必補的特徵，給投資者短線操作帶來了一個機會。

2. 突破缺口

突破缺口是證券價格向某一方向急速運動，跳出原有形態所形成的缺口。突破缺口形態確認以後，無論價位（指數）的升跌情況如何，投資者都必須立即做出買入或賣出的指令，即向上突破缺口被確認立即買入；向下突破缺口被確認立即賣出，因為突破缺口一旦形成，行情走勢必將向突破方向縱深發展。

3. 持續性缺口

它是在證券價格向某一方向有效突破之後，由於急速運動而在途中出現的缺

口，它是一個趨勢的持續信號。持續性缺口一般不會在短期內被封閉。

4. 消耗性缺口

一般發生在行情趨勢的末端，表明股價變動的結束。消耗性缺口容易與持續性缺口混淆，它們的最大區別是：消耗性缺口出現在行情趨勢的末端，而且伴隨著大的成交量。

(五) 應用形態理論應注意的問題

(1) 站在不同的角度，不同的形態會有不同的解釋；
(2) 進行實際操作時，要求形態完全明朗才能行動。

十二、波浪理論

(一) 波浪理論的形成歷史及其基本思想

1. 波浪理論的形成過程

波浪理論的全稱是艾略特波浪理論。波浪理論以週期理論為基礎。

2. 波浪理論的基本思想

艾略特認為，由於證券市場是經濟的晴雨表，而經濟發展具有週期性，所以股價的上漲和下跌也應該遵循週期發展的規律。不過股價波動的週期規律比經濟發展的週期要複雜得多。每個週期都是由上升（或下降）的 5 個過程和下降（或上升）的 3 個過程組成。艾略特不僅找到了股價移動的規律，而且還找到了股價移動發生的時間和位置，這是波浪理論較之於道氏理論更為優越的地方。艾略特波浪理論中所用到的數字 2、3、5、8、13、21、34……都來自斐波那奇數列。

(二) 波浪理論考慮的因素

波浪理論考慮的因素有三個方面：
(1) 股價走勢所形成的形態；
(2) 股價走勢圖中各個高點和低點所處的相對位置；
(3) 完成某個形態所經歷的時間長短。
簡單地概括為：形態、比例和時間。

(三) 波浪理論的應用及其應注意的問題

首先要明確當前所處的位置；要認真準確地識別 3 浪結構和 5 浪結構。

十三、趨勢型指標

1. MA（移動平均線）

MA 是指用統計分析的方法，將一定時期內的證券價格（指數）加以平均，並把不同時間的平均值連接起來，形成一根 MA，用以觀察證券價格變動趨勢的一種技術指標。

(1) MA 的計算公式

移動平均線可分為算術移動平均線（SMA）、加權移動平均線（WMA）和指

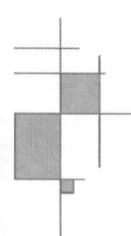

數平滑移動平均線（EMA）三種。根據計算期的長短，MA 又可分為短期、中期和長期移動平均線。通常以 5 日、10 日線觀察證券市場的短期走勢，稱為「短期移動平均線」；以 30 日、60 日線觀察中期走勢，稱為「中期移動平均線」；以 13 周、26 周研判長期趨勢，稱為「長期移動平均線」。西方投資機構重視 200 天移動平均線，並以此作為長期投資的依據：若行情在 200 天均線以下，屬空頭市場；反之，為多頭市場。

（2）MA 的特點

MA 的基本思想是消除股價隨機波動的影響，尋求股價波動的趨勢。它有以下幾個特點：

①追蹤趨勢。MA 能夠表示股價的趨勢方向，並追蹤這個趨勢。如果能從股價的圖表中找出上升或下降趨勢，那麼，MA 將與趨勢方向保持一致。原始數據的股價圖表不具備這個追蹤趨勢的特性。

②滯後性。在股價原有趨勢發生反轉時，由於 MA 追蹤趨勢的特徵，使其行動往往過於遲緩，調頭速度落後於大趨勢。這是 MA 一個極大的弱點。

③穩定性。根據移動平均線的計算方法，要想較大地改變移動平均的數值，當天的股價必須有很大的變化，因為 MA 是股價幾天變動的平均值。

④助漲助跌性。當股價突破移動平均線時，無論是向上還是向下突破，股價都有繼續向突破方向發展的願望。

⑤支撐線和壓力線的特性。

（3）MA 的應用法則——葛蘭威爾法則（簡稱「葛氏法則」）

在 MA 的應用上，最常見的是葛蘭威爾的「移動平均線八大買賣法則」。葛氏法則的內容是：平均線從下降開始走平，股價從下上穿平均線（①點處）；股價跌破平均線，但平均線呈上升態勢（②點處）；股價連續上升遠離平均線，突然下跌，但在平均線附近再度上升（③點處）；股價跌破平均線，並連續暴跌，遠離平均線（④點處）。以上 4 種情況均為買入信號。

移動平均線呈上升狀態，股價突然暴漲且遠離平均線（⑤點處）；平均線從上升轉為盤局或下跌，而股價向下跌破平均線（⑥點處）；股價走在平均線之下，且朝著平均線方向上升，但未突破平均線又開始下跌（⑦點處）；股價向上突破平均線，但又立刻向平均線回跌，此時平均線仍持續下降（⑧點處）。以上 4 種情況均為賣出信號。

葛氏法則的不足是沒有明確指出投資者在股價距平均線多遠時才可以買進賣出，這可用後面的乖離率指標彌補。

（4）MA 的組合應用

①「黃金交叉」與「死亡交叉」。

當現在價位站穩在長期與短期 MA 之上，短期 MA 向上突破長期 MA 時，為買進信號，此種交叉被稱為「黃金交叉」；反之，若現在行情價位於長期與短期 MA 之下，短期 MA 又向下突破長期 MA 時，則為賣出信號，此種交叉被稱為「死亡交叉」。

②長、中、短期移動平均線的組合使用。

2. MACD（指數平滑異同移動平均線）

（1）MACD 的計算公式

MACD 由正負差（DIF）和異同平均數（DEA）兩部分組成，DIF 是核心，DEA 是輔助。

DIF 是快速平滑移動平均線與慢速平滑移動平均線的差。

DIF＝EMA（12）－EMA（26）

（2）MACD 的應用法則

第一，以 DIF 和 DEA 的取值和這兩者之間的相對取值對行情進行預測。其應用法則如下：

（1）DIF 和 DEA 均為正值時，屬多頭市場。DIF 向上突破 DEA 是買入信號。

（2）DIF 和 DEA 均為負值時，屬空頭市場。DIF 向下突破 DEA 是賣出信號。

（3）當 DIF 向下跌破 0 軸線時，為賣出信號。

第二，指標背離原則。

MACD 的優點是剔除了 MA 頻繁的買入、賣出信號，缺點是在股市沒有明顯趨勢而進入盤整時，失誤的時候較多。

十四、超買、超賣型指標

1. WMS（威廉指標）

威廉指標 WMS 起源於期貨市場。

（1）WMS 的計算公式：

$$WMS(n) = \frac{H_n - C_t}{H_n - L_n} \times 100$$

（2）應用法則：

從兩方面考慮：

一是 WMS 的數值大小。

如果 WMS 的值比較小，則當天的價格處在相對較高的位置，要提防回落；如果 WMS 的值較大，則說明當天的價格處在相對較低的位置，要注意反彈。WMS 的取值範圍為 0~100。

當 WMS 高於 80 時，處於超賣狀態，行情即將見底，應當考慮買進。

當 WMS 低於 20 時，處於超買狀態，行情即將見頂，應當考慮賣出。

二是 WMS 曲線的形狀。

這裡介紹背離原則以及撞頂和撞底次數的原則。

①在 WMS 進入低數值區位後（此時為超買），一般要回頭。如果這時股價還繼續上升，就會產生背離，是賣出的信號。

②在 WMS 進入高數值區位後（此時為超賣），一般要反彈。如果這時股價還繼續下降，就會產生背離，是買進的信號。

③WMS 連續幾次撞頂（底），局部形成雙重或多重頂（底），則是賣出（買進）的信號。

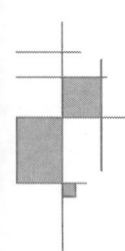

2. KDJ（隨機指標）

（1）KDJ指標的計算公式

產生KD以前，先產生未成熟隨機值RSV（Row Stochastic Value）。其計算公式為：

RSV值 =100×(第7日收盤價-7日內最低價)/(7日內最高價-7日內最低價)

$$K 值 = 當日 RSV \times 1/3 + 前一日 K 值 \times 2/3$$

$$D 值 = 當日 K 值 \times 1/3 + 前一日 D 值 \times 2/3$$

上式中，1/3為平滑因子，可以改成別的數字，同樣已成約定，1/3也已經固定。可見，J是D加上一個修正值。J的實質是反應D和D與K的差值。在介紹KD時，往往還附帶一個J指標。其計算公式為：

$$J = 3D - 2K = D + 2(D-K)$$

（2）KDJ的應用法則

①從KD的取值方面考慮。KD的取值範圍為0～100，將其劃分為幾個區域：80以上為超買區，20以下為超賣區，其餘為徘徊區。

當KD超過80時，是賣出信號；當KD低於20時，是買入信號。應該說明的是，上述劃分只是KD指標應用的初步過程，僅僅是信號，完全按這種方法進行操作很容易造成損失。

②從KD指標曲線的形態方面考慮。當KD指標在較高或較低的位置形成頭肩形和多重頂（底）時，是採取行動的信號。這些形態一定要在較高位置或較低位置出現，位置越高或越低，結論越可靠。

③從KD指標的交叉方面考慮。

以K線從下向上與D線交叉為例：K線上穿D線是金叉，為買入信號。但是出現了金叉是否應該買入，還要看別的條件。

第一個條件是金叉的位置應該比較低，是在超賣區的位置，越低越好。第二個條件是與D線相交的次數。有時在低位，K線、D線要來回交叉好幾次。交叉的次數以2次為最少，越多越好。第三個條件是交叉點相對於K、D線低點的位置，這就是常說的「右側相交」原則。K線是在D線已經抬頭向上時才同D線相交，比D線還在下降時與之相交要可靠得多。

④從KD指標的背離方面考慮。從KD指標的背離方面考慮：當KD處在高位或低位，如果出現與股價走向的背離，則是採取行動的信號。當KD處在高位，並形成兩個依次向下的峰，而此時股價還在一個勁地上漲，這叫頂背離，是賣出的信號；與之相反，KD處在低位，並形成一底比一底高，而股價還繼續下跌，稱為底背離，是買入信號。

3. RSI（相對強弱指標）

RSI以一定時期內股價的變動情況推測價格未來的變動方向，並根據股價漲跌幅度顯示市場的強弱。

（1）RSI的計算公式

$$RSI(n) = [A/(A+B)] \times 100$$

上式中：A——n日中股價向上波動的大小；

B——n日中股價向下波動的大小；
　　$A+B$——股價總的波動大小。
　RSI 的參數是天數 n，一般取 5 日、9 日、14 日等。RSI 的取值範圍介於 0~100。
　（2）RSI 的應用法則
　①根據 RSI 取值的大小判斷行情。將 100 分成四個區域，根據 RSI 的取值落入的區域進行操作（見表 2.2）。

表 2.2　RSI 取值判斷行情表

RSI 值	市場特徵	投資操作
80~100	極強	賣出
50~80	強	買入
20~50	弱	賣出
0~20	極弱	買入

　　「極強」與「強」的分界線和「極弱」與「弱」的分界線是不明確的，它們實際上是一個區域。比如，也可以取 30、70 或者 15、85。應該說明的是，分界線位置的確定與 RSI 的參數和選擇的股票有關。一般而言，參數越大，分界線離 50 越近；股票越活躍，RSI 所能達到的高度越高，分界線離 50 應該越遠。
　②兩條或多條 RSI 曲線的聯合使用。我們稱參數小的 RSI 為短期 RSI，參數大的 RSI 為長期 RSI。兩條或多條 RSI 曲線的聯合使用法則與兩條均線的使用法則相同。即：短期 RSI＞長期 RSI，應屬多頭市場；短期 RSI＜長期 RSI，則屬空頭市場。
　③從 RSI 的曲線形狀判斷行情。當 RSI 在較高或較低的位置形成頭肩形和多重頂（底），是採取行動的信號。這些形態一定要出現在較高位置和較低位置，離 50 越遠，結論越可靠。
　④從 RSI 與股價的背離方面判斷行情。RSI 處於高位，並形成一峰比一峰低的兩個峰，而此時，股價卻對應的是一峰比一峰高，為頂背離，是比較強烈的賣出信號。與此相反的是底背離：RSI 在低位形成兩個底部抬高的谷底，而股價還在下降，是可以買入的信號。
　4. BIAS（乖離率指標）
　BIAS 是測算股價與移動平均線偏離程度的指標。其基本原理是：如果股價偏離移動平均線太遠，不管是在移動平均線上方或下方，都有向平均線迴歸的要求。
　（1）BIAS 的計算公式：
　n 日乖離率 = (當日收盤價 - n 日移動平均數)/n 日移動平均數 × 100%

$$\mathrm{BIAS}(n) = \frac{C_t - \mathrm{MA}(n)}{\mathrm{MA}(n)} \times 100\%$$

　（2）BIAS 的應用法則：
　①從 BIAS 的取值大小和正負考慮。一般來說，正的乖離率愈大，表示短期多頭的獲利愈大，獲利回吐的可能性愈高；負的乖離率愈大，則空頭回補的可能

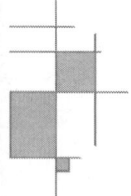

性也愈高。

對於綜合指數：BIAS(10) >30%為拋出時機，BIAS(10)<-10%為買入時機；
對於個股：BIAS (10) >35%為拋出時機，BIAS (10) <-15%為買入時機。

②從 BIAS 的曲線形狀方面考慮。形態學和切線理論在 BIAS 也可以適用，主要是頂背離和底背離的原理。

③從兩條 BIAS 線結合方面考慮。當短期 BIAS 在高位下穿長期 BIAS 時，是賣出信號；在低位，短期 BIAS 上穿長期 BIAS 時是買入信號。

十五、人氣型指標

1. PSY（心理線指標）

PSY 是將一定時期內投資者看多或看空的心理事實轉化為數值，來研判股價未來走勢的技術指標。

（1）PSY 的計算公式：

$$PSY(N)=(A/N)\times 100$$

PSY 的取值範圍是 0~100，以 50 為中心，50 以上是多方市場，50 以下是空方市場。

（2）PSY 的應用法則：

①在盤整局面，PSY 的取值應該在以 50 為中心的附近，上下限一般定為 25 和 75。PSY 取值在 25~75 說明多空雙方基本處於平衡狀況。如果 PSY 的取值，超出了這個平衡狀態，就是超買或超賣，我們就應該注意了，準備採取行動。

②PSY 的取值如果高得過頭或低得過頭，都是行動的信號。一般說來，如果 PSY 90 這兩種極端低和極端高的局面出現，就可以不考慮別的因素而單獨採取買入和賣出行動。

③當 PSY 的取值第一次進入採取行動的區域時，往往容易出錯，要等到第二次出現行動信號時，才保險。這一條本來是對全部技術分析方法都應該說明的，但這一條對 PSY 來說尤為重要。幾乎每次 PSY 行動都要求 PSY 進入高位或低位兩次才能真正稱得上是安全的。第一次低於 25 或高於 75，就採取買入或賣出行動，一般都會出錯。

④PSY 的曲線如果在低位或高位出現大的 W 底或 M 頭也是買入或賣出的行動信號。別的形態對 PSY 也適用。

⑤PSY 線一般最好同股價曲線相配合使用，這樣更能從股價的變動中瞭解超買或超賣的情形。我們常碰到的背離現象在 PSY 中也是適用的。

2. OBV（能量潮指標）

（1）OBV 不能單獨使用，必須與股價曲線結合使用才能發揮作用。

（2）當 OBV 曲線與股價走勢出現背離現象時，則可用於判斷目前市場狀況中是否存在機構大戶「收集」或「派發」籌碼的情況。所謂「收集」意指機構做手暗地裡在市場中一邊出貨打壓行情，一邊吃貨，實際上是出少進多；而「派發」則指機構做手暗地逢高賣出、逢低買進，實際上是出多進少。因此，OBV 曲線則能幫助投資者推測市場狀況是否處在「收集階段」或「派發階段」。

（3）OBV 曲線的上升和下降對進一步確認當前股價的趨勢有很重要的作用。

①當股價上升而 OBV 曲線也跟隨上升時，可確認當前是上升趨勢。

②當股價上升但 OBV 並未相應地上升，則投資者應對目前的上升趨勢持謹慎觀望的態度，因為 OBV 與股價背離的現象已提前告訴我們上升趨勢的後勁已不足，隨時有反轉的可能。

③當股價下跌而 OBV 線上升時，表明有大戶在收集籌碼，下檔承接力強，股價隨時有可能止跌回升。當股價下跌而 OBV 曲線也跟隨下跌時，可確認當前是下降趨勢，表明大主力在逐步「派發」，應立即離場觀望。

十六、中國股票交易實務

（一）交易所的申報和交易時間

上海證券交易所和深圳證券交易所都規定，交易日為每週一至週五。上海證券交易所規定，接受會員競價交易申報的時間為每個交易日 9:15 - 9:25、9:30 - 11:30、13:00 -15:00。每個交易日 9:20- 9:25 的開盤集合競價階段，上海證券交易所交易主機不接受撤單申報。深圳證券交易所則規定，接受會員競價交易申報的時間為每個交易日 9:15 - 11:30、13:00 -15:00。每個交易日 9:15-9:25、14:57-15:00，深圳證券交易所交易主機不接受參與競價交易的撤銷申報做處理。

（二）股票交易費用

1. 佣金

佣金是投資者在委託買賣證券成交後按成交金額一定比例支付的費用，是證券公司為客戶提供證券代理買賣服務收取的費用。證券公司向客戶收取的佣金不得高於證券交易金額的 3‰，也不得低於代收的證券交易監管費和證券交易所手續費等。A 股證券投資基金每筆交易佣金不足 5 元的，按 5 元收取；B 股每筆交易佣金不足 1 美元或 5 港元的，按 1 美元或 5 港元收取。

2. 過戶費

過戶費是委託買賣的股票、基金成交後，買賣雙方為變更證券登記所支付的費用。這筆收入屬於登記結算公司的收入。

在上海證券交易所，A 股的過戶費為成交面額的千分之一，起點為 1 元；在深圳證券交易所，免收 A 股的過戶費。對於 B 股，這項費用稱為「結算費」。在上海證券交易所為成交金額的 0.5‰；在深圳交易所亦為成交金額的 0.5‰，但最高不超過 500 港元。基金交易目前不收過戶費。

3. 印花稅

股票交易印花稅是從普通印花稅發展而來的，是專門針對股票交易發生額徵收的一種稅。中國稅法規定，對證券市場上買賣、繼承、贈予所確立的股權轉讓依據，按確立時實際市場價格計算的金額徵收印花稅。股票交易印花稅對於中國證券市場，是政府增加稅收收入的一個手段。2008 年 9 月 19 日起，由雙邊徵收改為單邊徵收，稅率保持 1‰。由出讓方按 1‰ 的稅率繳納股票交易印花稅，受讓

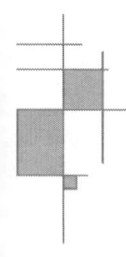

方不再徵收。

(三) 股票的競價原則

證券交易所內的證券交易按「價格優先、時間優先」原則競價成交。

1. 價格優先

成交價格優先的原則為：較高的價格買入申報優先於低價格買入申報，較低價格賣出申報優先於較高賣出申報。

2. 時間優先

成交時間優先的原則：買賣方向，價格相同的，先申報者優先於後申報者。先後順序按交易主機接受申報的時間確定。

(四) 股票的競價方式

目前，中國證券市場採用兩種競價方式：集合競價方式和連續競價方式。

上海證券交易所規定，採用競價交易方式的，每個交易日的 9:15-9:25 為開盤集合競價時間，9:30-11:30、13:00-15:00 為連續競價時間。深圳證券交易所規定，採用競價交易方式的，每個交易日的 9:15-9:25 為開盤集合競價時間，9:30-11:30、13:00-14:57 為連續競價時間，14:57-15:00 為收盤集合競價時間。

1. 集合競價

所謂集合競價，是指對在規定的一段時間內接受的買賣申報一次性集中撮合的競價方式。根據中國證券交易所的相關規定，集合競價確定成交價的原則為：

(1) 可實現最大成交量的價格；

(2) 高於該價格的買入申報與低於該價格的賣出申報全部成交的價格；

(3) 與該價格相同的買方或賣方至少有一方全部成交的價格。

如有兩個以上申報價格符合上述條件的，深圳證券交易所取得距前收盤價最近的價位為成交價。上海證券交易所規定使未成交量小的申報價格為成交價格，若有兩個以上使未成交量最小的申報價格符合上述條件的，其中中間價為成交價。集合競價的所有交易以同一價格成交。

進行集中撮合處理。所有買方有效委託限價由高到低的順序排列，限價相同者按照進入交易系統電腦主機的時間先後排列。依序逐筆將排在前面的買方委託配對成交。

2. 連續競價

連續競價是指對買賣申報逐筆連續撮合的競價方式。連續競價階段的特點是每一筆買賣委託輸入電腦自動撮合系統後，當即判斷並進行不同的處理：能成交者予以成交，不能成交者等待機會成交，部分成交者則讓剩餘部分繼續等待。

(1) 連續競價時，成交價格的確定原則為：

①最高買入申報與最低賣出申報價為相同，以該價格為成交。

②買入申報價格高於即時揭示的最低賣出申報價格時，以即時揭示的最低賣出申報價格為成交價。

③賣出申報價格低於即時揭示的最高買入申報價格時，以即時提示的最高買

071

入申報價格為成交價。

（2）實行漲跌幅限制的證券的有效申報範圍。根據現行制度規定，無論買入或賣出，股票（含A、B股）、基金類在1個交易日內的交易價格相對上一交易日收市價格的漲跌幅都不得超過10%，其中ST股票＊ST股票價格漲跌幅比例都為5%。漲跌幅價格的計算公式為（計算結果四捨五入至價格最小變動單位）：

$$漲跌幅價格 = 前收盤價 \times (1 \pm 漲跌幅比例)$$

買賣有價證券漲跌幅限制的證券，在價格漲跌幅限制內的申報為有效申報，超過漲跌幅限制的申報為無效申報。

（3）不實行漲跌幅限制的證券的有效申報價格範圍。對於無價格漲跌幅限制的證券，中國證券交易所規定，屬於下列情形之一的，首個交易日不實行價格漲跌幅限制：

①首次公開發行上市的股票（上海證券交易所還包括封閉式基金）；
②發上市的股票；
③暫停上市後恢復上市的股票；
④證券交易所或中國證監會認定的其他情形。

（五）股票的開盤價與收盤價

1. 開盤價

根據中國現行的交易規則，證券交易所證券交易的開盤價為當日該證券的第一筆成交價。證券的開盤價通過集合競價方式產生。不能產生開盤價的，以連續競價方式產生。按集合競價產生開盤價後，未成交的買賣申報仍然有效，並按原申報順序自動進入連續競價。

2. 收盤價

上海證券交易所證券交易的收盤價為當日該證券最後一筆交易前1分鐘所有交易日的成交量加權平均價。當日無成交的，以前收盤價為當日收盤價。

深圳證券交易所證券的收盤價通過集合競價的方式產生。收盤價集合競價不能產生收盤價的，以當日該證券最後一筆交易前一分鐘所有交易的成交量加權平均價為收盤價。當日無成交的，以前收盤價為當日收盤價。

（六）零股的交易

不足100股的股票為零股。零股可以進行委託賣出，但不能進行委託買入，交易原則是零股只能一次性地委託賣出。

（七）買賣上市證券應注意的事項

投資者買賣證券時，應注意不同品種的報價單位，A、B股以股數，基金按基金單位。在委託買賣證券時，通常以「手」為委託單位。A股、B股及基金的一手為100股或100元面值。委託買入量為每手的倍數。如有低於一手的零股需要賣出，則需一次性委託賣出，不能分次委託。債券現貨、可轉換債券和回購每手為1,000元面值。

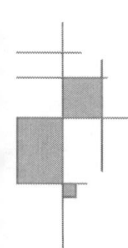

(八) 不能撤銷的委託

一般日常的股票交易都可以採取撤單的辦法，但根據交易所的規定，以下兩種情況不能撤單：

（1）申購新股；
（2）將可轉換債券轉換成股票；

【實訓內容】

1. 熟練掌握證券交易系統的基本操作方法。
2. 熟練掌握證券交易的基本常識和證券交易的基本規定。
3. 理解和掌握 K 線理論，並靈活運用和掌握 K 線理論與證券投資機會。
4. 根據形態理論知識，瞭解價格波動的規律和一些基本的形態類型，把握形態理論與證券市場趨勢的關係，並靈活運用和掌握形態理論與證券投資機會。
5. 根據波浪理論的基本知識，瞭解波浪理論在證券市場行情分析中的具體作用及其不足。把握波浪理論與證券市場趨勢的關係，並靈活運用和掌握波浪理論與證券投資機會。
6. 技術分析中常見技術指標有哪些，這些指標的基本含義、構成以及簡單運用。
7. 熟練掌握技術指標的基本原理和應用法則，判別證券市場運行趨勢，把握證券投資機遇。
8. 運用證券交易模擬系統進行證券交易。
9. 掌握證券市場價格指數走勢分析的基本方法。
10. 掌握證券市場單個股票價格走勢分析的基本方法。

【實訓步驟】

1. 登錄投資理財規劃教學平臺。學生打開 http://120.25.130.17：7020 智盛個人理財教學實訓平臺，打開「投資規劃」，選擇「股票」，閱讀實驗任務描述、背景資料。見圖 2.3、圖 2.4、圖 2.5。

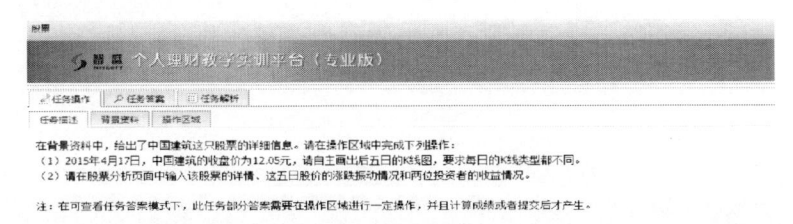

圖 2.3　投資規劃任務描述

圖 2.4　投資規劃背景資料 1

圖 2.5　投資規劃背景資料 2

2. 在操作區域完成 K 線的繪製。見圖 2.6。

圖 2.6　投資規劃操作區域

【實訓思考】

1. 你用過的金融投資理財工具有哪些？
2. 在投資理財中金融投資理財工具各自的投資特點及風險怎樣？
3. 目前中國金融投資理財產品有哪些？
4. 巴菲特的投資原則：第一，保住本金；第二，保住本金；第三，永遠記住第一和第二的原則。談談你對這句話的理解和你的投資經歷。

實訓五　家庭風險管理

【實訓目的與要求】

1. 掌握保險的基本定義。
2. 掌握保險合同的概念。
3. 掌握保險合同的要素。
4. 掌握家庭財產保險的基本內容。
5. 掌握理財型家庭財產保險的基本類型。
6. 瞭解人身保險產品的種類。
7. 瞭解財產保險產品的種類。
8. 瞭解制訂保險規劃的原則。
9. 掌握保險產品與投資理財的關係。
10. 掌握保險產品投資理財的作用和效果。
11. 理解保險規劃的主要步驟。
12. 瞭解保險規劃的風險。

【實訓準備知識】

一、保險理財相關概念

（一）風險管理與保險規劃

風險管理是一個組織或個人用以降低風險負面影響（消極結果）的決策過程。

保險規劃是風險實施有效控制和妥善處理風險所致損失的後果，以盡量小的成本去爭取最大的安全保障和經濟利益的行為。

（二）風險衡量的三項內容

1. 人身風險衡量

人身風險衡量包括三種情況，即生理死亡（工作期間生命提前死亡）、生存死亡（工作期間永久全殘）及退休死亡（達到退休年齡出現的死亡）。其可以通過生命價值法、需求法和資本保留法計算。

2. 財產風險衡量

財產風險衡量包括財產直接損失及間接經濟損失，指標包括實際現金價值、重置成本、相關費用等。

3. 責任風險衡量

責任風險衡量取決於意外事故的嚴重程度及法院判決的損失賠償金，最大可能的責任損失可以個人累計財富為限。

（三）人身風險衡量的三種方法

人身風險衡量的三種方法包括：

（1）生命價值法。預期未來收入的現值就是人身風險的生命價值。

（2）需求法。將家庭經濟支柱死亡的財務需求轉換為投保人的保險金額。需求包括遺產處理費用、重新調整生活需求、依賴期的需求（直到家庭最小成員成年）、特別需求（房屋按揭、教育經費、應急基金）、退休需求（用人壽保險補充社保不足）。

（3）資本保留法。估算替代收入的資本需求。用保險賠償費用投資，按照合適的收益率，產生的收益與風險發生前的收入基本相符。

二、保險的相關概念

（一）保險

《中華人民共和國保險法》（以下簡稱《保險法》）將保險定義為：「投保人根據合同約定，向保險人支付保險費，保險人對於合同約定的可能發生的事故因其發生造成的財產損失承擔賠償保險金責任，或者當被保險人死亡、傷殘、疾病或者達到合同約定的年齡、期限時承擔給付保險金責任的商業保險行為。」

從經濟角度看，保險是分攤意外事故損失的一種財務安排；從法律角度看，保險是一種合同行為，是一方同意補償另一方損失的一種合同安排；從社會角度看，保險是社會經濟保障制度的重要組成部分，是社會生產和社會生活「精巧的穩定器」；從風險管理角度看，保險是風險管理的一種方法。

保險規劃具有風險轉移和合理避稅的功能。

（二）保險主體

保險主體，就是保險合同的主體，只包括投保人與保險人。被保險人、受益人、保單所有人，除非與投保人是同一人，否則，都不是保險主體。

投保人，是指與保險人訂立保險合同，並按照保險合同負有支付保險費義務的人。投保人可以是自然人也可以是法人，但必須具有民事行為能力。

保險人，又稱「承保人」，是指與投保人訂立保險合同，並承擔賠償或者給付保險金責任的保險公司。在中國有股份有限公司和國有獨資公司兩種形式。保險人是法人，公民個人不能作為保險人。

被保險人，是指根據保險合同，其財產利益或人身受保險合同保障，在保險事故發生後，享有保險金請求權的人。投保人往往同時就是被保險人。

受益人，是指人身保險合同中由被保險人或者投保人指定的享有保險金請求權的人。投保人、被保險人可以為受益人。如果投保人或被保險人未指定受益人，則他的法定繼承人即為受益人。保單所有人，擁有保險利益所有權的人，很多時候是投保人也可以是保單受益人。

（三）保險客體

保險客體，即保險合同的客體，並非保險標的本身，而是投保人或被保險人對保險標的的可保利益。

可保利益，是投保人或被保險人對保險標的所具有的法律上承認的利益。這主要是因為保險合同保障的不是保險標的本身的安全，而是保險標的受損後投保人或被保險人、受益人的經濟利益。保險標的只是可保利益的載體。

（四）保險標的

保險標的即保險對象，人身保險的標的是被保險人的身體和生命，而廣義的財產保險是以財產及其有關經濟利益和損害賠償責任為保險標的的保險。其中，財產損失保險的標的是被保險的財產，責任保險的標的是被保險人所要承擔的經濟賠償責任，信用保險的標的是被保險人的信用導致的經濟損失。

（五）保險費率

保險費率是保險費與保險金額的比例，保險費率又被稱為保險價格。通常以每百元或每千元保險金額應繳納的保險費來表示。保險公司所必須支付的預定利率將會拿來與市場上的借款利率相比較。

（六）保險利益

保險利益是指投保人對保險標的具有的法律上承認的利益。通常投保人會因為保險標的的損害或者喪失而遭受經濟上的損失，因為保險標的的保全而獲得收益。只有當保險利益是法律上認可的，經濟上的，確定的而不是預期的利益時，保險利益才能成立。一般來說，財產保險的保險利益在保險事故發生時存在，這時才能補償損失；人身保險的保險利益必須在訂立保險合同時存在，用來防止道德風險。

以壽險為例，投保人對自身及其配偶具有無限的可保權益，在一些國家、地區，投保人與受保人如有血緣關係，也可構成可保權益。另外，債權人對未還清貸款的債務人也具有可保權益。

其成立條件是：保險利益必須是合法的利益，保險利益必須是經濟上有價的利益，保險利益必須是確定的利益，保險利益必須是具有利害關係的利益。

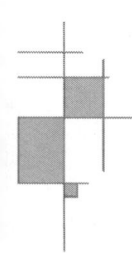

（七）保險價值

保險價值是保險標的物的實際價值。根據中國《保險法》規定，投保人和保險人約定保險標的保險價值並在合同中載明的，保險標的發生損失時，以約定的保險價值為賠償計算標準。

投保人和保險人未約定保險標的的保險價值的，保險標的發生損失時，以保險事故發生時保險標的的實際價值為賠償計算標準。簡單說來，保險價值可由三種方法確定：

（1）根據法律和合同法的規定，法律和合同法是確定保險價值的根本依據。

（2）根據保險合同和雙方當事人約定。有些保險標的物的保險價值難以衡量，比如人壽保險，健康保險，人的身體和壽命無法用金錢來衡量，則其保險價值以雙方當事人約定。

（3）根據市價變動來確定保險價值。一些保險標的物的保險價值並非一直不變的。大多數標的物也會隨著時間延長而折舊，其保險價值呈下降趨勢。

（八）保險合同

保險合同是投保人與保險人約定保險權利義務關係的協議。投保人是指與保險人訂立保險合同，並按照合同約定負有支付保險費義務的人。保險人是指與投保人訂立保險合同，並按照合同約定承擔賠償或者給付保險金責任的保險公司。

三、制定保險規劃的原則

客戶參加保險的目的就是為了客戶和家庭生活的安全，穩定。從這個目的出發，銀行從業人員為客戶設計保險規劃時主要應掌握以下原則：

（一）轉移風險的原則

投保是為了轉移風險，在發生保險事故時可以獲得經濟補償。從這個原則出發，必須首先分析家庭的主要風險是什麼，怎樣合理地把這些風險通過保險規劃進行轉移。

（二）量力而行的原則

保險是一種契約行為，屬於經濟活動範疇，客戶作為投保人必須支付一定的費用，即以保險費來獲得保險保障。投保的險種越多，保障範圍越大。但保險金額越高，保險期限越長，需支付的保險費也就越多，因此為客戶設計保險規劃時要根據客戶的經濟實力量力而行。

（三）分析客戶保險需要

在制定保險規劃前應考慮以下三個因素：一是適應性。根據客戶需要保障的範圍來考慮購買的險種。二是客戶經濟支付能力。三是選擇性。在有限的經濟能力下，為

成人投保比為兒女投保更實際，特別是對家庭的「經濟支柱」來講更是如此。

四、保險的分類

保險按保險標的進行分類，可以分為財產保險和人身保險；按保險保障的範圍分類，又可分為財產保險、責任保險、信用保證保險和人身保險。

（一）財產保險

財產保險是以物質財產及其相關利益和責任作為保險標的的保險類別。廣義的財產保險除了物質財產以外，還包括責任保險和信用保證保險。

1. 家庭財產保險

（1）普通家庭財產保險

這是對被保險人所有的相對靜止狀態下的財產物資進行承保，但不包括貴重物品、有價證券、技術資料等資產。該險種的保險責任範圍較寬，包括了火災、爆炸、冰雹、地震等各種自然災害，但不包括戰爭、軍事行動或暴力行為等帶來的損害。

（2）家庭財產兩全保險

這種保險的承保範圍和保險責任與普通家財險相同，但是這種保險具有災害補償和儲蓄的雙重性質。投保時，投保人繳納保險儲金，儲金的利息作為保費，保險期滿時，無論在保險期內是否發生賠付，保險儲金均返還投保人，這樣家庭財產和保險儲金即獲得兩全。

（3）附加盜竊險

盜竊保險雖然是一項附加責任，卻是家庭財產保險中的重要內容。只要投保了附加盜竊險，保險人就對存放於保險地址室內的保險財產遭受的外來的、有明顯痕跡的盜竊損失承擔賠付責任，但對被保險人及其家庭成員、服務人員、寄居人員的盜竊和縱容他人盜竊所致保險財產的損失不負責任。

2. 責任保險

責任保險是以被保險人依法或依契約應對第三者承擔的經濟賠償責任為保險標的的一種保險。個人由於疏忽、過失等行為造成他人的損害，根據法律或契約應對受害人承擔賠償責任的都可以投保相關的責任保險，將其面臨的責任風險轉嫁給保險公司。

3. 信用保證保險

信用保證保險是由保險人作為保證人為被保證人向權利人提供擔保的一類保險業務。當被保險人的作為或不作為致使權利人遭受經濟損失時，保險人負經濟賠償責任。

4. 人身保險

人身保險是指以人的身體與壽命作為保險標的的保險，又可細分為人壽保險、健康保險、意外傷害保險、年金保險。詳細保險品類如圖2.7所示。

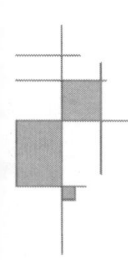

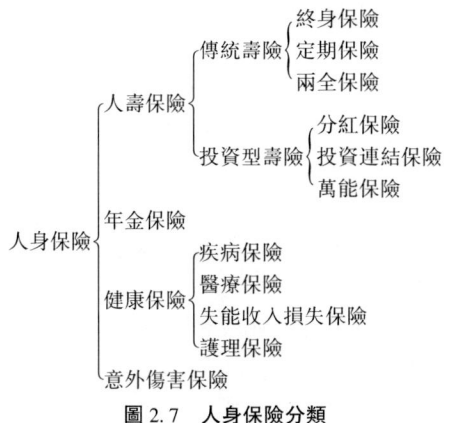

```
                            ┌ 終身保險
                  ┌ 傳統壽險 ┤ 定期保險
                  │         └ 兩全保險
         ┌ 人壽保險┤
         │        │         ┌ 分紅保險
         │        └ 投資型壽險┤ 投資連結保險
         │                  └ 萬能保險
人身保險 ┤ 年金保險
         │        ┌ 疾病保險
         │        │ 醫療保險
         ├ 健康保險┤ 失能收入損失保險
         │        └ 護理保險
         └ 意外傷害保險
```

圖 2.7　人身保險分類

5. 社會保險

社會保險是指在既定的社會政策下，由國家通過立法手段對公民強制徵收保險費，形成保險基金，用以為其中因年老、疾病、生育、傷殘、死亡和失業而導致喪失勞動能力或失去工作機會的成員提供基本生活保障的一種社會保障制度。它不以營利為目的，運行中若出現赤字，國家財政將會給予支持。社會保險具有強制性，經辦者以財政支持作為後盾。

五、人壽保險的需求分析

人類對安全保障的追求是一致的，安全對不同的人有不同的意義。安全是每一個人對於理財規劃追求的重要目的，包括人身安全，經濟安全，財務安全。只有在合理的經濟安全條件下，個人才能在較高的需求層次上有所選擇。因此，一個合理的經濟安全需求層次能夠提供給個人一個更加穩定和諧的生活，並在生命中發現人生更大的意義，實現真正的財務自由。通過保險規劃，能夠帶給個人或家庭獲得經濟安全的機會。通常人們向往美好的生活，但生活中總會有難以預料的風險發生，導致巨大的經濟損失，使人們生活在他們所不願意的生活方式中。

風險管理與保險規劃，使得即使是在家庭重要成員發生死亡、殘疾或重大疾病、自然災害和意外事故導致家庭財產的重大損失的情況下，家庭仍能按照以往的生活方式和生活水準繼續生存下去，這是理財規劃的重要組成部分。

人壽保險需求分析的步驟如下：

（1）收集信息：收集與個人相關的各類信息。
（2）建立目標：建立一個明確具體的財務目標。
①死亡後準備付清的債務；
②處理死亡的各種費用；
③建立應急基金；
④建立子女教育基金；

⑤建立配偶的生活費用和退休資金。

（3）信息分析：分析一個家庭當其重要成員發生死亡時所可能產生的財務後果。最後算出可使用的資源與需求之間的差額。

【實訓內容】

1. 根據保險種類、功能等基礎知識，為家庭或個人選擇購買保險的種類、估算保險金額和保費，制定保險規劃方案。

2. 根據給出的家庭基本信息，運用不同的生命價值法和支出需求法，進行個人人身保險額度的估算。

【實訓步驟】

1. 登錄投資理財規劃教學平臺。學生打開 http://120.25.130.17:7020 智盛個人理財教學實訓平臺，選擇「風險管理與保險規劃」中的「人身保險額度」，仔細閱讀實驗任務描述。見圖2.8。

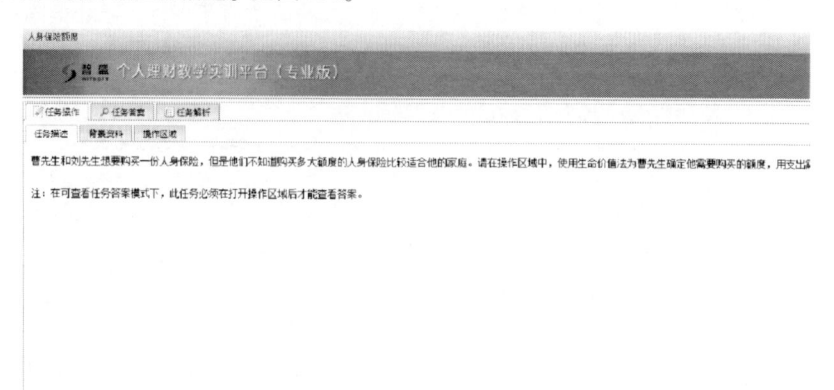

圖2.8　保險規劃任務描述

2. 理解並掌握背景資料關於人身保險的兩種計算方法。見圖2.9。

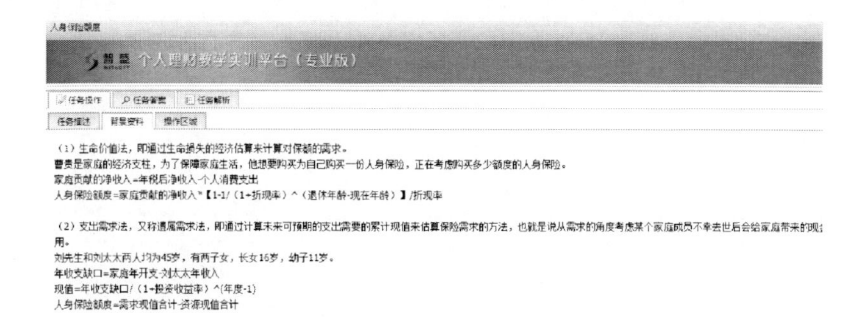

圖 2.9　保險規劃背景資料

3. 按照實驗任務要求，分別按生命價值法和支出需求法在操作區域完成人身保險額度估算。

【實訓思考】

1. 利用各個保險公司的網站瞭解保險公司和保險產品的信息，討論各個保險公司的特點。

2. 根據你的保險需求，選擇合適的保險產品。與同學分享你的選擇，並說說原因。

3. 根據生命週期理論，談談每個生命階段適合購買的保險種類和金額。

第三篇

綜合實訓篇

實訓六　宏觀經濟分析與投資理財

【實訓目的與要求】

1. 理解宏觀經濟分析對投資理財決策的意義。
2. 理解宏觀經濟變量對投資理財的影響。
3. 理解宏觀經濟政策對投資理財的影響。
4. 掌握並能正確運用宏觀經濟原理和分析方法。
5. 學會用實證分析的方法分析宏觀經濟變量對投資理財的影響。

【實訓準備知識】

一、宏觀經濟分析的意義和方法

(一) 宏觀經濟分析的意義

1. 把握證券市場的總體變動趨勢

在證券投資領域中，宏觀經濟分析非常重要，只有把握住經濟發展的大方向，才能做出正確的長期決策；只有密切關注宏觀經濟因素的變化，尤其是貨幣政策和財政政策因素的變化才能抓住市場時機。

2. 判斷整個證券市場的投資價值

證券市場的投資價值是與國民經濟整體素質及其結構變動密切相關。這裡的證券市場的投資價值是指整個市場的平均投資價值。不同部門、不同行業與成千上萬的不同企業相互影響、互相制約，共同作用於國民經濟發展的速度和質量。

3. 掌握宏觀經濟政策對證券市場的影響力度與方向

證券投資與國家宏觀經濟政策息息相關。在市場經濟條件下，國家通過財政政策和貨幣政策來調節經濟，或擠出泡沫，或促進經濟增長，這些政策直接作用於企業，從而影響經濟增長速度和企業效益。因此，證券投資必須認真分析宏觀經濟政策，這無論是對投資者、投資對象，還是對證券業本身乃至整個國民經濟的快速健康發展都具有非常重要的意義。

4. 瞭解轉型背景下宏觀經濟對股市的影響

瞭解轉型背景下宏觀經濟對股市的影響為什麼不同於成熟市場，瞭解中國股市表現和宏觀經濟相背離的原因。

（二）宏觀經濟分析的基本方法及資料搜集

1. 總量分析法

總量分析法是指影響宏觀經濟運行總量指標的因素及其變動規律的方法。總量分析主要是動態分析，同時，也包括靜態分析。總量是反應整個社會經濟活動狀態的經濟變量。它包括兩個方面：一是個量的總和；二是平均量或比例量。

2. 結構分析法

結構分析法是指對經濟系統中各組成部分及其對比關係變動規律的分析，主要是靜態分析。總量分析和結構分析是相互聯繫的。總量分析側重於動態（速度），結構分析側重於靜態（相互關係）。

3. 宏觀分析資料的搜集與處理

宏觀分析所需的有效資料一般包括政府的重點經濟政策與措施、一般生產統計資料、金融物價統計資料、貿易統計資料、每年國民收入統計與景氣動向、突發性非經濟因素等。

二、宏觀經濟運行分析

（一）宏觀經濟運行對證券市場的影響

證券市場有經濟晴雨表之稱。這表明證券市場是宏觀經濟的先行指標，也表明宏觀經濟的走向決定證券市場長期趨勢。宏觀經濟因素是影響證券市場長期走勢的唯一因素。

宏觀經濟運行通過4個途徑影響證券市場：企業經營效益、居民收入水準、投資者對股價的預期、資金成本。

（二）宏觀經濟變動與證券市場波動的關係

1. 國內生產總值變動

國內生產總值（GDP）是一國經濟成就的根本反應，從長期看，在上市公司的行業結構與該國產業結構基本一致的情況下，股票平均價格的變動與GDP的變化趨勢是吻合的。但不能簡單地以為GDP增長，證券市場就必將伴之以上升的走勢，實際上有時恰恰相反。我們必須將GDP與經濟形勢結合起來進行考察，下面對幾種基本情況進行闡述。

（1）持續、穩定、高速的GDP增長。①伴隨總體經濟成長，上市公司利潤持續上升，股息和紅利不斷增長，企業經營環境不斷改善，產銷兩旺，投資風險也越來越小，從而公司的股票和債券全面得到升值，促使價格上揚。②人們對經濟形勢形成了良好的預期，投資積極性得以提高，從而增加了對證券的需求，促

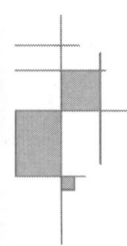

使證券價格上漲。③隨著 GDP 的持續增長，國民收入和個人收入都不斷得到提高，收入增加也將增加證券投資的需求，從而證券價格上漲。

（2）高通脹下的 GDP 增長。當經濟處於嚴重失衡下的高速增長時，總需求大大超過總供給，這將表現為高的通貨膨脹率，這是經濟形勢惡化的徵兆，如不採取調控措施，必將導致未來的「滯脹」（通貨膨脹與經濟停滯並存）。這時經濟中的矛盾會突出地表現出來，企業經營將面臨困境，居民實際收入也將降低，因而失衡的經濟增長必將導致證券價格下跌。

（3）宏觀調控下的 GDP 減速增長。當 GDP 呈失衡的高速增長時，政府可能採用宏觀調控措施以維持經濟的穩定增長，這樣必然減緩 GDP 的增長速度。如果調控目標得以順利實現，GDP 仍以適當的速度增長而未導致 GDP 的負增長或低增長，說明宏觀調控措施十分有效，經濟矛盾逐步得以緩解，為進一步增長創造了有利條件。這時證券市場亦將反應這種好的形勢而呈平穩漸升的態勢。

（4）轉折性的 GDP 變動。如果 CDP 一段時期以來呈負增長，當負增長速度逐漸減緩並呈現向正增長轉變的趨勢時，表明惡化的經濟環境逐步得到改善，證券市場走勢也將由下跌轉為上升。當 GDP 由低速增長轉向高速增長時，表明低速增長中，經濟結構得到調整，經濟的「瓶頸」制約得以改善，新一輪經濟高速增長已經來臨，證券價格亦將伴之以快速上漲之勢。

證券市場一般提前對 GDP 變動做出反應，也就是說，證券市場是反應預期的 GDP 變動，而 GDP 的實際變動被公布時，證券市場只反應實際變動與預期變動的差別，因而對 GDP 變動進行分析時必須著眼於未來，這是最基本的原則。

股市指數與宏觀經濟走勢之間的關聯關係被不同程度地弱化，股市指數與國民經濟增長速度經常呈現不正相關甚至負相關關係。

2. 經濟週期變動

（1）經濟總是處於週期性運動中，股價伴隨經濟相應地波動，但股價的波動超前於經濟運動，股價的波動是永恆的。

（2）收集有關宏觀經濟資料和政策信息，隨時注意經濟發展動向正確把握當前經濟發展處於經濟週期的何種階段，對未來做出正確判斷，切忌盲目從眾。

（3）把握經濟週期，認清經濟形勢。不要被股價的「小漲」「小跌」驅使而追逐小利或迴避小失（這一點對中長期投資者尤為重要）。在把握經濟週期的同時，配合技術分析的趨勢線進行研究或許會大有收益。

3. 通貨變動

通貨變動包括通貨膨脹和通貨緊縮兩種。

（1）通貨膨脹對證券市場的影響

通貨膨脹對證券市場特別是個股的影響，沒有一成不變的規律可循，完全可能產生相反方向的影響，應具體情況具體分析。

（2）通貨緊縮對證券市場的影響

通貨緊縮將損害消費者和投資者的積極性，造成經濟衰退和經濟蕭條，與通貨膨脹一樣不利於幣值穩定和經濟增長。

通貨緊縮會帶來經濟負增長，使股票債券及房地產等資產價格大幅下降。

三、宏觀經濟政策分析

(一) 財政政策

1. 財政政策的手段及其對證券市場的影響

財政政策 6 種手段：國家預算、稅收、國債、財政補貼、財政管理體制、轉移支付制度。這些手段可以單獨使用，也可以配合協調使用。

（1）國家預算。國家預算是財政政策的主要手段，反應國家的施政方針和社會經濟政策，規定政府活動的範圍和方向。

（2）稅收。稅收是國家憑藉政治權力參與社會產品分配的重要形式。稅收具有強制性、無償性和固定性的特徵。

（3）國債。如果一段時間內，國債發行量較大且具有一定的吸引力，將會分流證券市場的資金。

（4）財政補貼。財政補貼是指國家財政為了實現特定的政治經濟和社會目標，向企業或個人提供的一種補償。主要是在一定時期內對生產或經營某些銷售價格低於成本的企業或因提高商品銷售價格而給予企業和消費者的經濟補償。

（5）財政管理體制。財政管理體制的實質是正確處理國家在財政資金分配上的集權與分權問題。國家的各項職能是由各級政府共同承擔的，為了保證各級政府完成一定的政治經濟任務，就必須在中央與地方政府、地方各級政府之間，明確劃分各自的財政收支範圍、財政資金支配權和財政管理權。一般地說，各級政府有什麼樣的行政權力（事權），就應當有相應的財權，以便從財力上保證各級政府實現其職能。

（6）轉移支付制度。轉移支付制度是分級預算體制的重要組成部分。根據分級預算管理體制，上下級預算主體間、同級預算主體間的收支規模是不對稱，轉移支付制度就是均衡各級預算主體間收支規模不對稱的預算調節制度。

2. 財政政策的種類及其對證券市場的影響

（1）減少稅收，降低稅率，擴大減免稅範圍。其政策的經濟效應是：增加微觀經濟主體的收入，以刺激經濟主體的投資需求，從而擴大社會供給，進而增加人們的收入，並同時增加了他們的投資需求和消費支出。對證券市場的影響為：增加收入直接引起證券市場價格上漲，增加投資需求和消費支出又會拉動社會總需求。而總需求增加又反過來刺激投資需求，從而使企業擴大生產規模，增加企業利潤；利潤增加，又將刺激企業擴大生產規模的積極性，進一步增加利潤總額，從而促進股票價格上漲。因市場需求活躍，企業經營環境改善，盈利能力增強，進而降低了還本付息風險，債券價格也將上揚。

（2）擴大財政支出，加大財政赤字。其政策效應是：擴大社會總需求，從而刺激投資，擴大就業。政府通過購買和公共支出增加商品和勞務需求，激勵企業增加投入，提高產出水準，於是企業利潤增加，經營風險降低，將使得股票價格

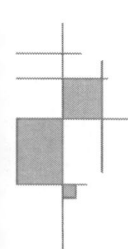

和債券價格上升。同時居民在經濟復甦中增加了收入，持有貨幣增加，經濟景氣的趨勢更增加了投資者的信心，買氣增強，證券市場趨於活躍，價格自然上揚。

（3）減少國債發行（或回購部分短期國債）。其政策效應是縮減證券市場上國債的供給量，從而對證券市場原有的供求平衡發生影響。國債是證券市場上重要的交易券種，國債發行規模的縮減，使市場供給量縮減，更多的資金轉向股票、企業債券，推動證券價格上揚，從而使整個證券市場的總體價格水準趨於上漲。

（4）增加財政補貼。財政補貼往往使財政支出擴大。其政策效應是擴大社會總需求和刺激供給增加，從而使整個證券價格的總體水準趨於上漲。

3. 分析財政政策對證券市場影回應注意的問題

財政政策對證券市場的影響是十分深刻的，也是十分複雜的，正確地運用財政政策來為證券投資決策服務，應把握以下幾個方面：

（1）關注有關的統計資料信息，認清經濟形勢。

（2）從各種媒介中瞭解經濟界人士對當前經濟形勢的看法，關心政府有關部門主要負責人的日常講話，分析其經濟觀點主張，從而預估政府可能採取的經濟措施和採取措施的時機。

（3）分析過去類似形勢下的政府行為及其經濟影響，據此預期政策傾向和相應的經濟影響。

（4）關注年度財政預算，從而把握財政收支問題的變化趨勢，更重要的是對財政收支結構及其重點做出分析，以便瞭解政府的財政投資重點和傾斜政策。

（5）在預見和分析財政政策的基礎上，進一步分析相應政策對經濟形勢的綜合影響（比如通貨膨脹、利率等），結合行業分析和公司分析做出投資選擇。

（二）貨幣政策

貨幣政策是指政府（中央銀行）為實現一定的宏觀經濟目標所制定的關於貨幣供應和貨幣流通組織管理的基本方針和基本準則。

1. 貨幣政策及其作用

貨幣政策是指政府或中央銀行為影響經濟活動所採取的措施，尤指控制貨幣供給以及調控利率的各項措施。

（1）通過調控貨幣供應總量保持社會總供給與總需求的平衡。貨幣政策可通過調控貨幣供應量達到對社會總需求和總供給兩方面的調節，使經濟達到均衡。

當總需求膨脹導致供求失衡時，可通過控制貨幣量達到對總需求的抑制；當總需求不足時，可通過增力貨幣供應量，提高社會總需求，使經濟繼續發展。同時，貨幣供給的增加有利於貸款利率的降低，可減少投資成本，刺激投資增長和生產擴大，從而增加社會總供給；反之，貨幣供給的減少將促使貸款利率上升，從而抑制社會總供給的增加。

（2）通過調控利率和貨幣總量控制通貨膨脹，保持物價總水準的穩定。無論通貨膨脹的形成原因多麼複雜，從總量上看，都表現為流通中的貨幣超過社會在

不變價格下所能提供的商品和勞務總量。提高利率可使現有貨幣購買力推遲，減少即期社會需求，同時也使銀行貸款需求減少；降低利率的作用則相反。中央銀行還可以通過金融市場直接調控貨幣供應量。

（3）調節國民收入中消費與儲蓄的比例。貨幣政策通過對利率的調節能夠影響人們的消費傾向和儲蓄傾向。低利率鼓勵消費，高利率則有利於吸收儲蓄。

（4）引導儲蓄向投資的轉化並實現資源的合理配置。儲蓄是投資的來源，但儲蓄不能自動轉化為投資，儲蓄向投資的轉化依賴於一定的市場條件。貨幣政策可以通過利率的變化影響投資成本和投資的邊際效率，提高儲蓄轉化的比重，並通過金融市場有效運作實現資源的合理配置。

2. 貨幣政策工具

貨幣政策工具可分為兩大類：一般性政策工具、選擇性政策工具。

（1）一般性政策工具包含3種：法定存款準備金率、再貼現政策、公開市場業務。

①法定存款準備金率。法定存款準備金率是指中央銀行規定的金融機構為滿足客戶提取存款和資金清算需要而準備的在中央銀行的存款占其存款總額的比例。

②再貼現政策。再貼現政策是中央銀行通過制定或調整再貼現利率來干預和影響市場利率及貨幣市場的供應和需求，從而調節市場貨幣供應量的一種金融政策。提高再貼現率，則收緊貨幣供應量。

③公開市場業務。公開市場業務是指中央銀行在金融市場上公開買賣有價證券，以此來調節市場貨幣供應量的政策行為。當中央銀行認為應該增加貨幣供應量時，就在金融市場上買進有價證券（主要是政府債券）；反之就出售所持有的有價證券。

（2）選擇性政策工具包含2種：直接信用控制和間接信用指導。

①直接信用控制

它是指中央銀行以行政命令或其他方式，直接對金融機構尤其是商業銀行的信用活動進行控制。其具體手段包括：規定利率限額與信用配額、信用條件限制，規定金融機構流動性比率和直接干預等。

②間接信用指導

它是指中央銀行通過道義勸告、窗口指導等辦法來間接影響商業銀行等金融機構行為的做法。

3. 貨幣政策的運作

貨幣政策的運作主要是指中央銀行根據客觀經濟形勢採取適當的政策措施調控貨幣供應量和信用規模，使之達到預定的貨幣政策目標，並以此影響整體經濟的運行。

貨幣政策分為收緊的貨幣政策和寬鬆的貨幣政策。收緊的貨幣政策主要手段是：減少貨幣供應量，提高利率，加強信貸控制。寬鬆的貨幣政策主要手段是：增加貨幣供應量，降低利率，放鬆信貸控制。

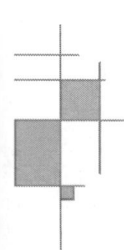

4. 貨幣政策對證券市場的影響

貨幣政策對證券市場的影響可以從 4 個方面進行分析：利率、中央銀行的公開市場業務、調節貨幣供應量、選擇性貨幣政策工具。

(1) 利率。一般來說，利率下降時，股票價格就上升；而利率上升時，股票價格就下降。原因：第一，利率是計算股票內在投資價值的重要依據之一。當利率水準上升，同一股票的內在投資價值下降，從而導致股票價格下跌；反之則上升。第二，利率水準的變動直接影響公司的融資成本，從而影響股價。第三，利率水準的變動直接影響了投資者對股票的需求，利率還是人們借以折現股票未來收益、評判股票價值的依據。

(2) 中央銀行的公開市場業務對證券價格的影響。當政府傾向於實施較為寬鬆的貨幣政策時，中央銀行就會大量購進有價證券，從而使市場上貨幣供給量增加。這會推動利率下調，資金成本降低，從而企業和個人的投資和消費熱情高漲，生產擴張，利潤增加，這又會推動股票價格上漲；反之，股票價格將下跌。我們之所以特別強調公開市場業務對證券市場的影響，還在於中央銀行的公開市場業務的運作是直接以國債為操作對象，從而直接關係到國債市場的供求變動，影響到國債行市的波動。

(3) 調節貨幣供應量對證券市場的影響。中央銀行可以通過法定存款準備金率和再貼現政策調節貨幣供應量，從而影響貨幣市場和資本市場的資金供求，進而影響證券市場。如果中央銀行提高法定存款準備金率，這在很大程度上限制了商業銀行體系創造派生存款的能力，就等於凍結了一部分商業銀行的超額準備。由於法定存款準備金率對應數額龐大的存款總量，並通過貨幣乘數的作用，使貨幣供應量更大幅度地減少，證券行情趨於下跌。

(4) 選擇性貨幣政策工具對證券市場的影響。為了實現國家的產業政策和區域經濟政策，中國在中央銀行貨幣政策通過貸款計劃實行總量控制的前提下，對不同行業和區域採取區別對待的方針。一般說來，該項政策會對證券市場行情整體走勢產生影響，而且還會因為板塊效應對證券市場產生結構性影響。當直接信用控制或間接信用指導降低貸款限額、壓縮信貸規模時，從緊的貨幣政策使證券市場行情呈下跌走勢；但如果在從緊的貨幣政策前提下，實行總量控制，通過直接信用控制或間接信用指導區別對待，緊中有鬆，那麼一些優先發展的產業和國家支柱產業以及農業、能源、交通、通信等基礎產業及優先重點發展的地區的證券價格則可能不受影響，甚至逆勢而上。總的來說，此時貸款流向反應當時的產業政策與區域政策，並會引起證券市場價格的比價關係做出結構性的調整。

(三) 收入政策

1. 收入政策概述

收入政策是國家為實現宏觀調控總目標和總任務，針對居民收入水準高低、收入差距大小在分配方面制定的原則和方針。收入政策具有更高層次的調節功能，制約著財政政策和貨幣政策的作用方向和作用力度，最終也要通過財政政策

和貨幣政策來實現。收入政策的兩個目標：收入總量目標、收入結構目標。

2. 中國收入政策的變化及其對證券市場的影響

中國個人收入分配實行以按勞分配為主體，多種分配方式並存的收入分配政策。在以勞動收入為主體的前提下，國家依法保護法人和居民的一切合法收入和財產，鼓勵城鄉居民儲蓄和投資，允許屬於個人的資本等生產要素參與分配。

【實訓內容】

1. 利用 Eviews 軟件建立模型，分析證券投資價值與宏觀經濟各變量之間的關係，判斷證券投資時機、證券投資價值。

2. 根據中國的當前宏觀經濟運行形勢，包括經濟發展情況、物價變動情況、財政政策、貨幣政策（基準利率、法定存款準備金率、貨幣供給量）、收入政策等，並結合證券市場運行情況，進行投資策略設計。

【實訓步驟】

1. 收集相關宏觀經濟變量數據，超過 15 個時間序列數據組。

2. 根據收集的數據頻率和時間範圍，創建 Eviews 工作文件（Workfile）。見圖 3.1。

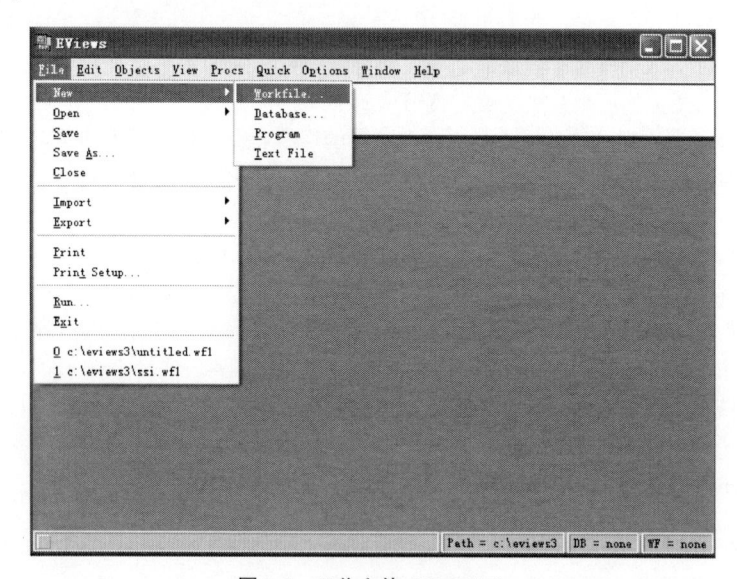

圖 3.1　工作文件（Workfile）

3. 錄入數據，並對序列進行初步分析。分別繪製上證綜合指數序列的折線圖，初步分析序列的基本趨勢和變量之間關係。見圖 3.2。

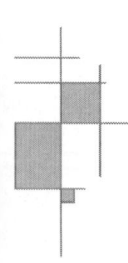

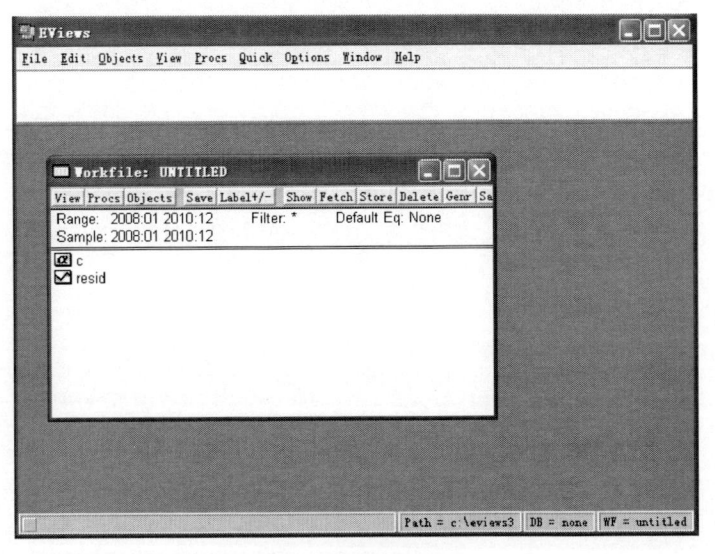

圖 3.2　序列初步分析

4. 對模型進行檢驗。利用 t 統計量、DW 統計量、殘差正態性檢驗、自相關的 LM 檢驗、異方差的 White 檢驗等方法對模型進行檢驗。見表 3.1。

表 3.1　模型檢驗

Dependent Variable：LOG(CSV1)
Method：Least Squares
Date：01/28/08　　Time：20:46
Sample：2005:01, 2007:12
Included observations：36
LOG(CSV1) = C(1)+C(2)×LOG(M1)+C(3)×LOG(TSV)+C(4)×LOG(CPI)
　　　　　　+C(5)×LOG(R)

	Coefficient	Std. Error	t-Statistic	Prob.
C(1)	−44.112,93	13.157,81	−3.352,605	0.002,1
C(2)	0.999,407	0.365,606	2.733,560	0.010,3
C(3)	0.277,818	0.030,191	9.202,018	0.000,0
C(4)	8.397,819	2.415,708	3.476,339	0.001,5
C(5)	1.101,064	0.335,257	3.284,233	0.002,5
R-squared	0.990,194	Mean dependent var	9.985,171
Adjusted R-squared	0.988,929	S.D. dependent var	0.789,601
S.E. of regression	0.083,080	Akaike info criterion	−2.009,769
Sum squared resid	0.213,973	Schwarz criterion	−1.789,836
Log likelihood	41.175,84	F-statistic	782.612,1
Durbin-Watson stat	1.843,195	Prob(F-statistic)	0.000,000

5. 對模型進行評價。利用樣本決定系數 R^2 和調整後的 R^2 等指標，結合模型的檢驗結果對模型進行評價。

6. 對模型的經濟意義進行解釋。對參數估計值和樣本決定系數 R^2 的經濟意義進行解釋。

7. 綜合上述實驗步驟得出的結果，得出最終結論（證券投資價值與宏觀經濟各變量之間的關係）。總結實驗過程中的問題以及得到的經驗教訓。

8. 根據實證分析結論，進行當年的投資理財方案設計，完成實驗報告。

【實訓思考】

1. 宏觀經濟各變量有哪些影響到證券投資？
2. 宏觀經濟變動與證券市場波動的關係是什麼？
3. 財政政策的手段及其對證券市場的影響是什麼？
4. 分析貨幣政策對證券市場的影響。
5. 線性迴歸模型的模型檢驗和模型評價的方法、指標有哪些？如何使用？

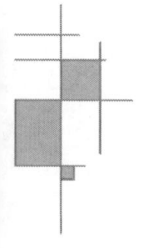

實訓七　理財規劃與投資綜合設計

【實訓目的與要求】

1. 理解和掌握投資理財需求及投資理財規劃。
2. 理解和掌握生命週期理論和資金的時間價值理論。
3. 理解並熟練運用家庭財務分析方法。
4. 理解和制定家庭現金流規劃。
5. 理解和掌握購房財務規劃的基本方法。
6. 理解和掌握制定消費信貸方案的基本方法。
7. 分析教育費用需求及教育規劃。
8. 分析家庭存在的風險及風險規避。
9. 分析家庭成員的退休養老規劃及遺產規劃。

【實訓內容】

理財規劃與投資綜合設計是以理財規劃師的身分，根據某個個人或家庭的實際財務情況和理財目標而設計理財規劃，幫助家庭更好地制定和實施財務決策。理財綜合規劃包括：客戶基本資料、財務資料、財務分析、理財目標、現金規劃、房產規劃、汽車消費規劃、教育規劃、風險管理與保險規劃、退休養老規劃、稅收規劃、理財報告等。需從各個方面對客戶的財產進行解析和建議。

【實訓步驟】

1. 登錄投資理財規劃教學平臺

學生打開 http://120.25.130.17:7020 智盛個人理財教學實訓平臺，打開首頁界面左邊的「理財綜合規劃」，見圖 3.3。

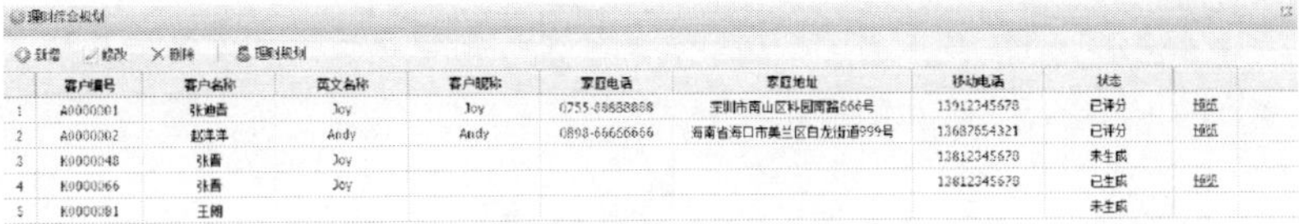

理财综合规划

新增　修改　删除　理财规划

	客户编号	客户名称	英文名称	客户昵称	家庭电话	家庭地址	移动电话	状态	
1	A0000001	张迪香	Joy	Joy	0755-88888888	深圳市南山区科园南路666号	13912345678	已评分	报告
2	A0000002	赵洋洋	Andy	Andy	0898-66666666	海南省海口市美兰区白龙街道999号	13687654321	已评分	报告
3	K0000048	张香	Joy				13812345678	未生成	
4	K0000066	张香	Joy				13812345678	已生成	报告
5	K0000081	王刚						未生成	

圖 3.3　理財綜合規劃

2. 新增客戶

點擊「新增」按鈕，進入新增客戶界面，見圖 3.4。新增的客戶可以修改和刪除。

圖 3.4　新增客戶（填寫個人信息）

3. 綜合理財規劃界面

選擇一條已新增的客戶，雙擊或者點擊「理財規劃」按鈕，進入實訓平臺，見圖 3.5。

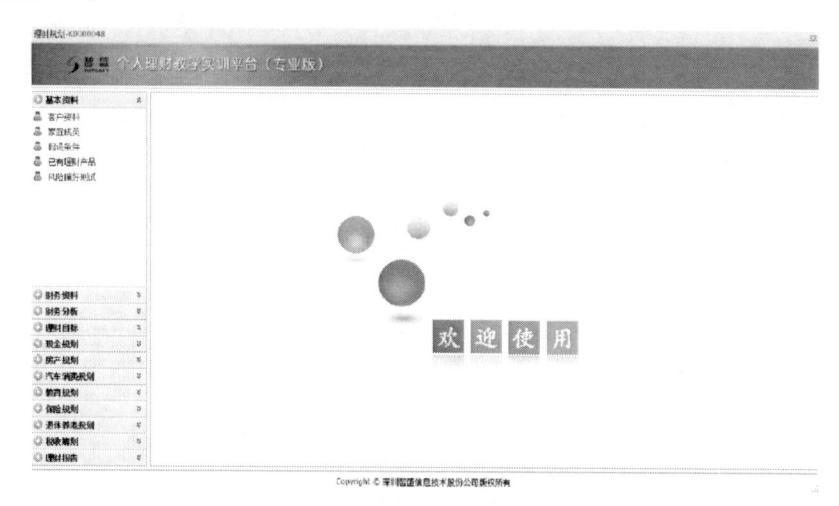

圖 3.5　個人理財教學實訓平臺

4. 整理基本資料

基本資料包括客戶本人與配偶的資料、家庭成員信息、經濟數據假設、客戶已購買的理財產品、客戶的投資風險偏好。

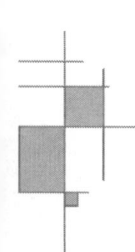

（1）完善家庭信息

添加客戶本人和配偶的信息，見圖3.6。

圖3.6　個人理財教學實訓平臺——基本資料——客戶資料

（2）家庭成員

添加家庭成員的信息，見圖3.7，確定家庭所處的生命週期和此次理財規劃本人的實際年齡。

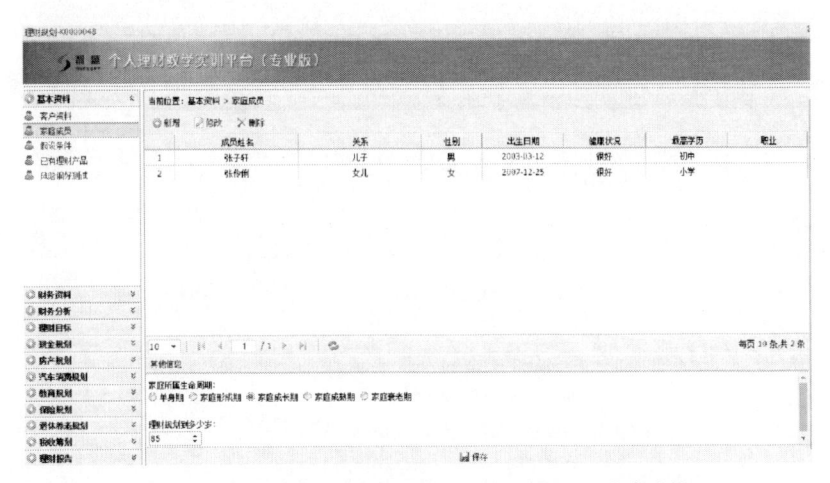

圖3.7　個人理財教學實訓平臺——基本資料——家庭成員

(3) 假設條件

經濟條件假設：默認值，見圖 3.8。

当前位置：基本资料 > 假设条件

假设条件	数值	备注
工作收入年增长率：	8.00%	
理财收入年增长率：	6.00%	
其他收入年增长率：	2.00%	
生活费用年增长率：	3.00%	
理财支出年增长率：	3.00%	
其他支出年增长率：	2.00%	
退休后支出调整系数：	0.70	
退休后资产增长率调整系数：	0.70	
教育费用年增长率：	5.00%	
银行住房按揭贷款年利率：	6.00%	
银行汽车按揭贷款年利率：	6.00%	
公积金贷款年利率：	3.00%	
退休后投资年收益率：	4.00%	
金融性资产年增长率：	3.00%	
投资实物资产增长率：	3.00%	

圖 3.8　個人理財教學實訓平臺——基本資料——假設

(4) 已有理財產品

填寫家庭中以前年度已購買的理財產品，已有理財產品可以新增、修改和刪除，見圖 3.9。

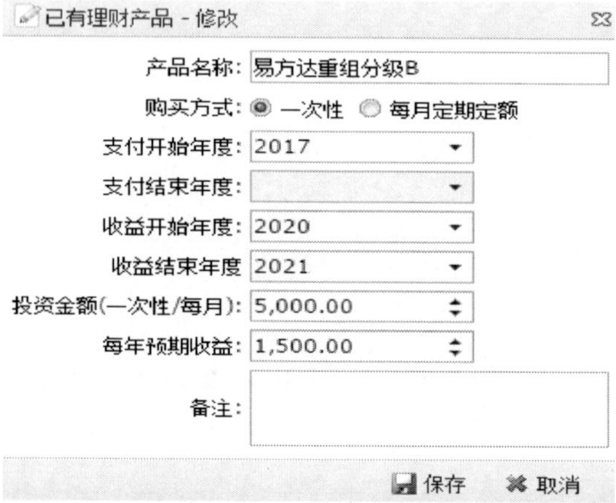

圖 3.9　個人理財教學實訓平臺——基本資料——已有理財產品

（5）風險偏好測試

進入圖 3.10 所示界面，完成風險偏好測試問卷，瞭解客戶的風險偏好。

圖 3.10　個人理財教學實訓平臺——風險測試

5. 財務資料

（1）家庭資產表

進入圖 3.11（a）所示界面，輸入每個項目的資產現值、年增長率，完成家庭資產表。

圖 3.11（a）　財務資料——家庭資產

(2) 家庭負債表

進入圖3.11（b）所示界面，輸入每個項目的負債總額、年利率，完成家庭負債表。

負債類別		負債總額(元)	年利率(%)	備注
流动负债	1.信用卡	20000	0	
	2.电话费	200	3	
	3.应付水电费	360	0	
	4.应付修理费	0	0	
	5.应付租金	0	0	
	6.应付社保费	500	0	
	7.应付所得税费	300	0	
	8.其他	0	0	
	合计	21350.00		
	9.住房抵押贷款	0	0	
	10.汽车贷款	40000	0	
	11.装修、家具、家居用品贷款	0	0	
	12.旅游贷款	0	0	
	13.大额耐用消费品贷款	0	0	

圖3.11（b） 財務資料——家庭負債

(3) 家庭年收入表

進入圖3.11（c）所示界面，根據理財規劃，完成家庭年收入表。

年收入类别		本人(元)	配偶(元)	合计(元)
工作收入	1.工资、薪金所得	22000	130000	152000.00
	2.劳务报酬所得	40000	0	40000.00
	3.稿酬所得	0	0	0.00
	4.个人从事个体工商业生产经营所得	100000	0	100000.00
	5.对企事业单位的承包、经营所得	0	0	0.00
	6.特许权使用费所得	0	0	0.00
	7.其他工作收入	0	30000	30000.00
	合计	162000.00	160000.00	322000.00
理财收入	8.利息、股息、分红所得	2000	900	2900.00
	9.财产转让所得	20000	0	20000.00
	10.财产租赁所得	0	500	500.00
	11.投资收益变现	16000	0	16000.00
	12.其他理财收入	2000	0	2000.00
	合计	40000.00	1400.00	41400.00

圖3.11（c） 財務資料——家庭收入

(4) 家庭年支出表

進入圖3.11（d）所示界面，根據理財規劃，完成家庭年支出表。

生活开支类型		本人(元)	配偶(元)	合计(元)
消费支出	1.食品	40000	30000	70000.00
	2.服装	8000	10000	18000.00
	3.住房	2000	2000	4000.00
	4.交通	2000	2000	4000.00
	5.教育	3000	0	3000.00
	6.娱乐、文化	20000	40000	60000.00
	7.医疗	5000	3000	8000.00
	8.交际	20000	16000	36000.00
	9.其他	1000	3000	4000.00
	合计	101000.00	106000.00	207000.00
理财支出	10.年还贷支出	10000	0	10000.00
	11.年保费支出	0	0	0.00
	12.投资实物支出	20000	0	20000.00
	13.定期定额投资支出	0	0	0.00
	14.年其他理财支出	30000	0	30000.00

圖 3.11（d） 財務資料——家庭支出

6. 財務分析

（1）資產負債分析

填好圖 3.11（a）—圖 3.11（b）所示圖中內容後，點擊財務分析下的資產負債分析，系統自動生成分析圖表，見圖 3.12（a）、圖 3.12（b）。

圖 3.12（a） 財務分析——資產負債分析表

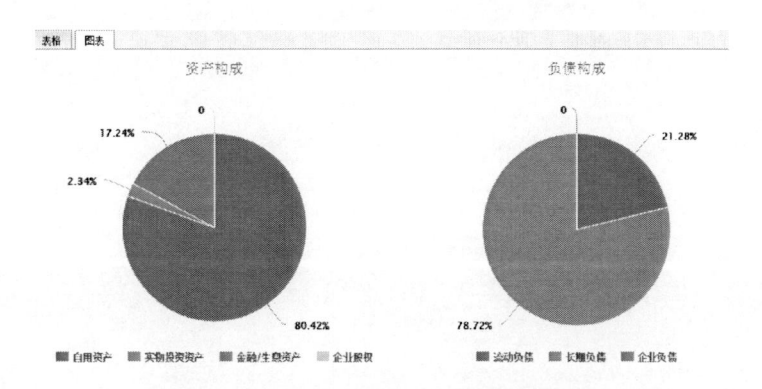

圖 3.12（b） 財務分析——資產負債分析圖

（2）收入支出分析

填好圖 3.11（c）、圖 3.11（d）中所示內容後，點擊收支分析，系統自動生成分析圖表，見圖 3.13（a）、圖 3.13（b）。

項目		金額(元)	占比(%)
年收入	工作收入	322000.00	88.61
	理財收入	41400.00	11.39
	其他收入	0.00	0.00
	總計	363400.00	
年支出	消費支出	207000.00	57.98
	理財支出	60000.00	16.81
	其他支出	90000.00	25.21
	總計	357000.00	
收支結餘		6400.00	

*1. 占比=项目金額/总计； 2. 收支結餘=年收入总计-年支出总计

圖 3.13（a）　　財務分析——家庭收入支出分析表

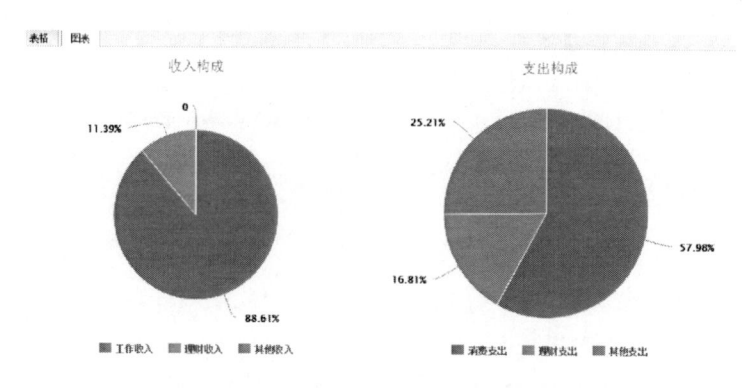

圖 3.13（b）　　財務分析——家庭收入支出分析圖

（3）財務指標分析

點擊財務指標分析，系統自動生成財務指標分析結果，見圖 3.14。

圖 3.14　財務分析——家庭收支財務指標分析

（4）現金流量分析

點擊現金流分析，系統自動生成從現年度到退休規劃的最後一年家庭現金流的數據演示，見圖 3.15（a）、圖 3.15（b）、圖 3.15（c）。

圖 3.15（a） 財務分析——現金流分析 1

圖 3.15（b） 財務分析——現金流分析 2

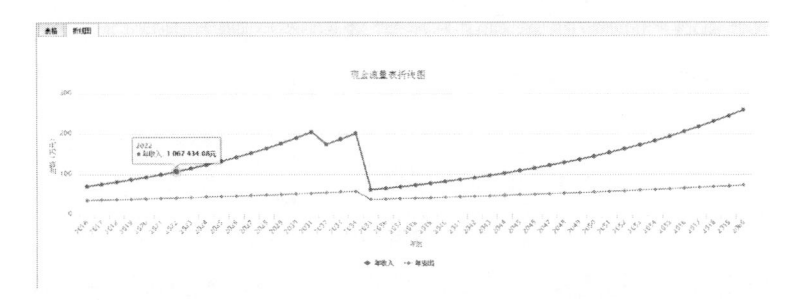

圖 3.15（c） 財務分析——現金流分析折線圖

7. 理財目標

點擊理財目標，進入圖 3.16 所示界面，收集客戶的理財目標。理財目標可以新增、修改和刪除。

圖 3.16　理財目標——新增

進入理財目標界面後，對收集的客戶理財目標進行評價，如圖 3.17 所示。

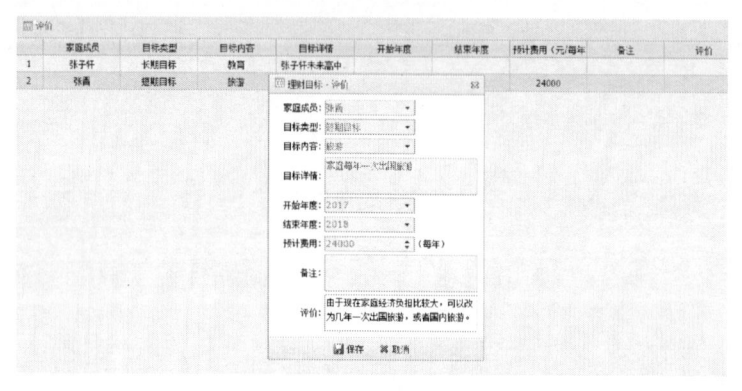

圖 3.17　理財目標——評價

進入理財目標界面後，根據理財規劃師對客戶提出的理財目標進行調整和修正，如圖 3.18 所示。

圖 3.18　理財目標——修改

8. 現金規劃

點擊現金規劃，進入圖 3.19 所示界面，輸入流動性比率和其他信息，規劃家庭現金。

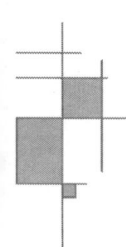

图 3.19　现金规划

9. 房产规划

点击房产规划，进入如图 3.20 所示界面。

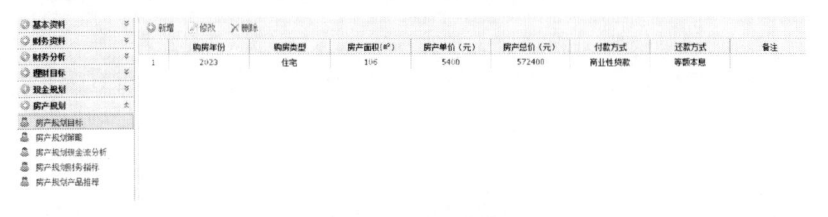

图 3.20　房产规划

（1）房产规划目标

点击房产规划下房产规划目标，进入房产规划——新增、修改、删除界面。点击新增，进入如图 3.21 所示界面，新增购房目标。购房目标可以修改和删除。

图 3.21　房产规划——新增

（2）房產規劃策略

點擊房產規劃下的房產規劃策略，進入如圖3.22所示界面，然後選中一條房產規劃目標，點擊「策略詳情」。

期次	償還本息（元）	償還利息（元）	償還本金（元）	剩餘本金（元）
第1期	7931	4326	3605	861595
第2期	7912.98	4307.98	3605	857990
第3期	7894.95	4289.95	3605	854385
第4期	7876.93	4271.93	3605	850780
第5期	7858.9	4253.9	3605	847175
第6期	7840.88	4235.88	3605	843570
第7期	7822.85	4217.85	3605	839965
第8期	7804.82	4199.82	3605	836360

您希望在2024年購買一套每平方米120平方米的住宅，總金額為1235000元。付款方式為商業性貸款，首付3成（370000元），貸款金額為865200元。還款方式為等額本金，按揭年限為20年（240期）。

利息總額（元）:521293　　　　累計還款總額（元）:1386493
最高月供（元）:7931　　　　　最高月付利息（元）:4326

圖3.22　房產規劃——房產策略

（3）房產規劃現金流分析

點擊房產規劃下的房產規劃現金流分析，進入如圖3.23所示界面，然後選中一條房產規劃目標，進行「現金流分析」。

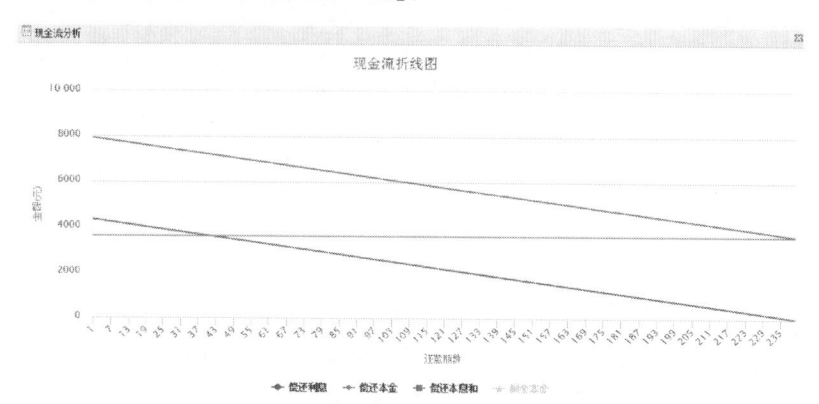

圖3.23　房產規劃——房產現金流分析

（4）房產規劃財務指標

點擊房產規劃下的房產規劃財務指標，進入如圖3.24所示界面，進行房產規劃財務指標分析。

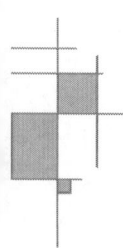

序號	分析項目	計算公式	分析結果		評價
1	住房負担比	住房負担比=房屋月供款/月稅後收入	9158.18/57866.67	15.83%	好
	住房負担比是衡量月供款佔借款人月稅後收入的比重，反映的是住房需要的支出的比率。住房負担比越大，客戶在住用上的支出比重就越高，住房負担比越小，客戶在住用上的支出比重就越輕。一般可以控制在25%-30%。				
2	財務負担比	財務負担比=年負債/年稅後收入	81350.00/694400.00	11.72%	好
	財務負担比反映的是債務佔收益的比重，是測算客戶去償還債務本身和利息收入之間的值，不管借貸存在一元到期（同一一下），財務負担比反映起理的投資，年負債必定的測算其其使風險的衡量，一般可以控制在40%以内。				

圖 3.24　房產規劃——房產規劃財務指標

（5）房產規劃產品推薦

點擊「房產規劃」下的「房產規劃產品推薦」按鈕，進入如圖 3.25（a）、圖 3.25（b）所示界面。針對房產目標，選擇投資理財產品。

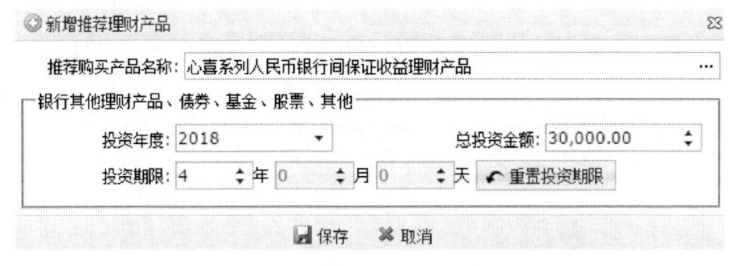

圖 3.25（a）　房產規劃——投資理財規劃

圖 3.25（b）　房產規劃——房產規劃產品推薦

（6）理財產品管理

點擊「理財產品管理」按鈕，可以選擇使用已存在的理財產品，也可以自助新增理財產品，並可以進行修改和刪除操作，見圖 3.26。

圖 3.26　理財產品管理

10. 汽車消費規劃

點擊「汽車消費規劃」按鈕，進入如圖 3.27 所示界面。

图 3.27　汽車消費規劃——消費目標

（1）汽車消費規劃目標

點擊圖 3.27 所示界面上的「新增」按鈕，出現如圖 3.28 所示「新增購車計劃」界面，然後新增汽車消費規劃目標。汽車消費目標可以修改和刪除。

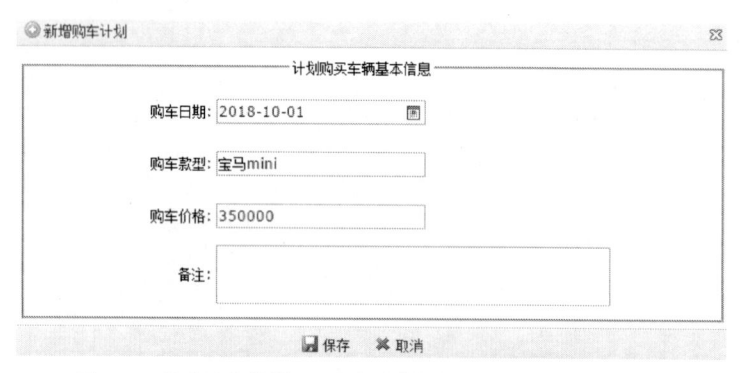

圖 3.28　汽車消費規劃——汽車消費規劃目標——新增購車計劃

選中新增的消費目標，點擊「貸款購車費用」，進入圖 3.29 所示界面。

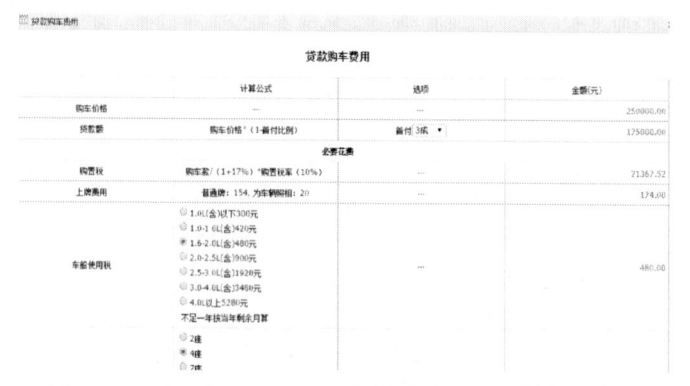

圖 3.29　汽車消費規劃——汽車消費規劃目標——貸款購車費用

選中新增的消費目標，點擊「還款方案」，進入圖 3.30 所示界面。

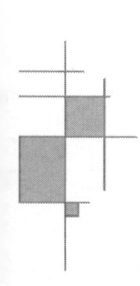

110

圖 3.30　汽車消費規劃——汽車消費規劃目標——貸款購車還款方案

（2）汽車消費規劃策略

選中新增的消費目標，點擊「汽車消費規劃策略」按鈕，進入圖 3.31 所示界面。

圖 3.31　汽車消費規劃——汽車消費規劃策略

（3）汽車消費規劃現金流分析

選中新增的消費目標，點擊「汽車消費規劃現金流分析」按鈕，進入圖 3.32 所示界面。

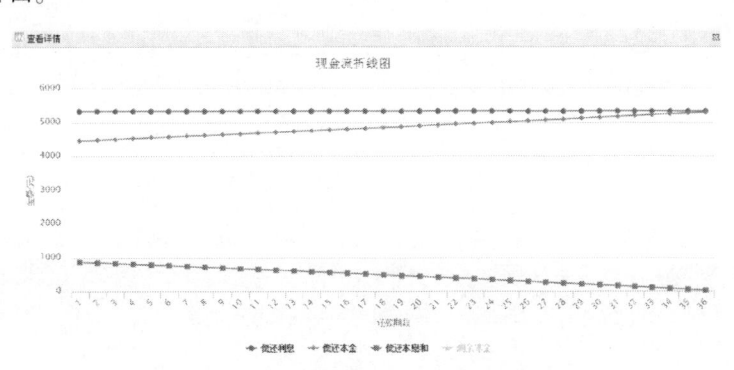

圖 3.32　汽車消費規劃——汽車規劃現金流分析

111

(4) 汽車消費規劃產品推薦

針對汽車消費目標，點擊「汽車消費規劃產品推薦」按鈕，進入圖3.33所示界面，選擇投資理財產品。

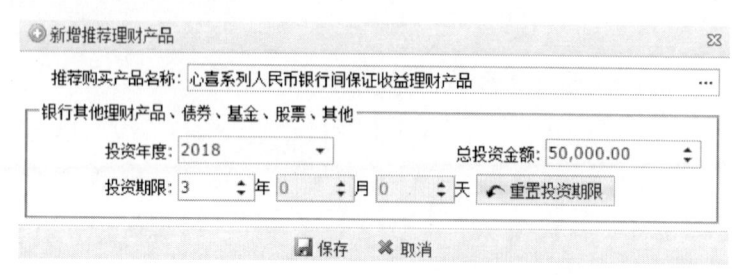

圖3.33 汽車消費規劃——汽車規劃產品推薦

11. 教育規劃

點擊「教育規劃」按鈕，進入圖3.34所示界面。

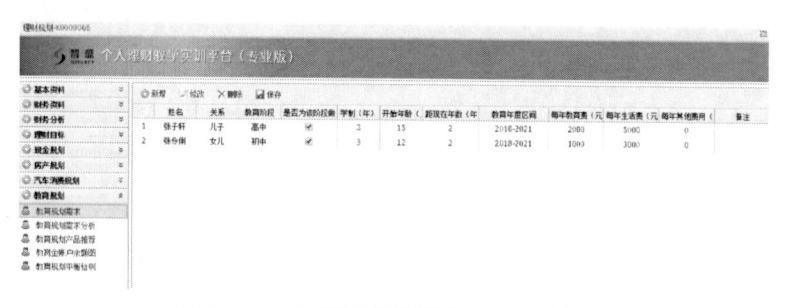

圖3.34 個人理財教學實訓平臺——教育規劃

(1) 教育規劃需求

在圖3.34所示界面點擊「教育規劃需求」按鈕，進入圖3.35所示界面。新增教育規劃需求，可以修改和刪除。

圖3.35 教育規劃——教育規劃需求

(2) 教育規劃需求分析

點擊「教育規劃需求」按鈕，查看客戶的教育規劃需求詳情，見圖 3.36 (a)、圖 3.36 (b)、圖 3.36 (c)。

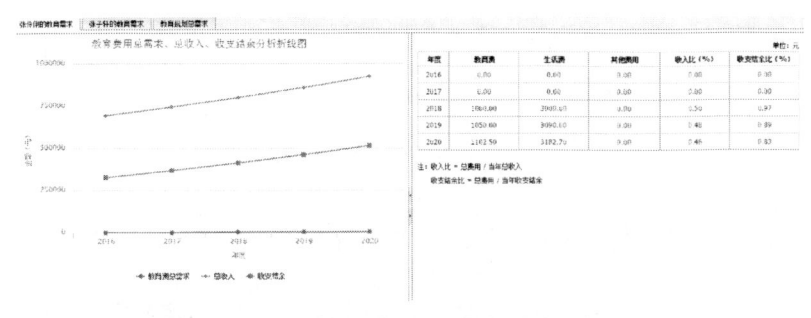

圖 3.36 (a)　教育規劃——教育規劃需求分析 (1)

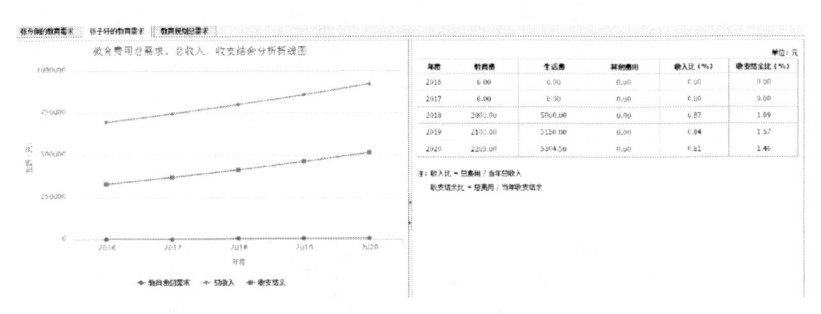

圖 3.36 (b)　教育規劃——教育規劃需求分析 (2)

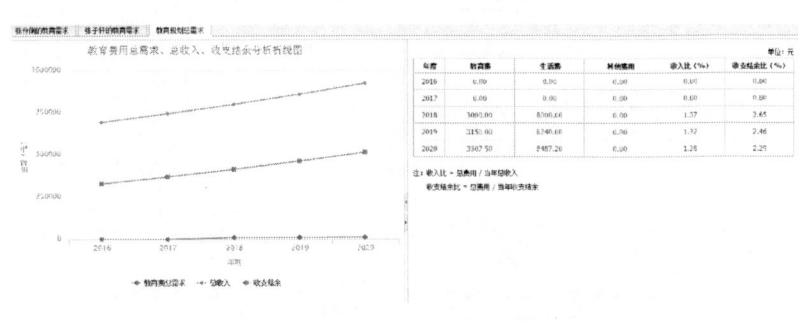

圖 3.36 (c)　教育規劃——教育規劃需求分析 (3)

(3) 教育規劃產品推薦

針對教育需求，添加教育產品，如圖 3.37 所示。

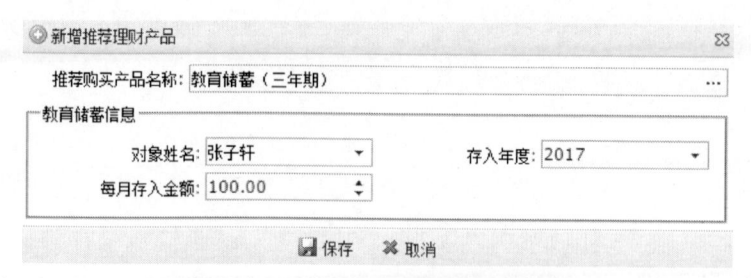

圖 3.37　教育規劃——教育規劃產品推薦

（4）教育金帳戶餘額圖

查看教育需求與教育帳戶詳情，如圖 3.38 所示。

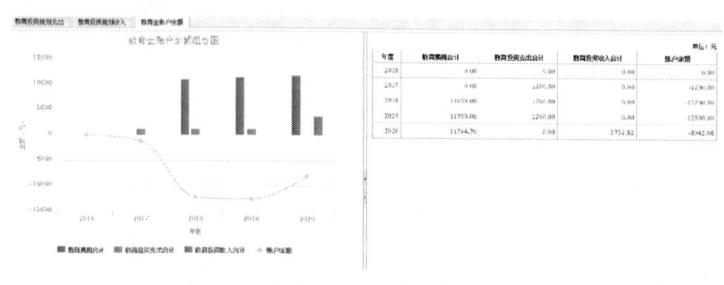

圖 3.38　教育規劃——教育金帳戶餘額圖

（5）教育規劃平衡測試

查看教育規劃平衡測試情況，見圖 3.39。

圖 3.39　教育規劃——教育規劃平衡測試

12. 保險規劃

保險規劃包括壽險規劃、健康險規劃和財產險規劃。

（1）保險需求規劃

在如圖 3.40 所示界面，點擊「壽險規劃目標」，輸入壽險需求規劃信息。

图 3.40 保险需求规划——寿险规划目标

在图 3.40 所示界面，点击「健康险规划目标」，出现如图 3.41 所示界面。健康险需求规划信息，可以修改和删除。

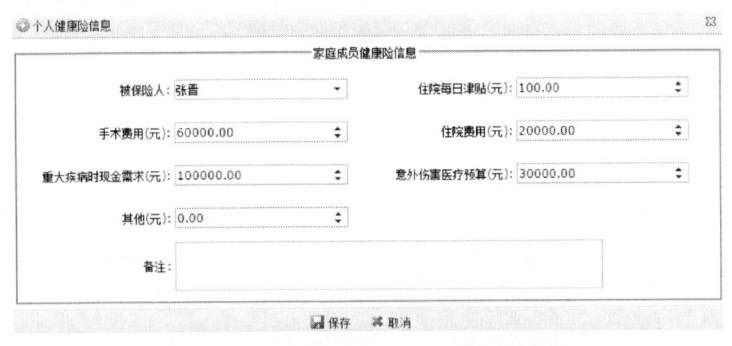

图 3.41 保险需求规划——健康险需求规划

在图 3.40 所示界面，点击「财险规划信息」按钮，出现如图 3.42 所示界面。增加财产险需求规划信息，可以修改和删除。

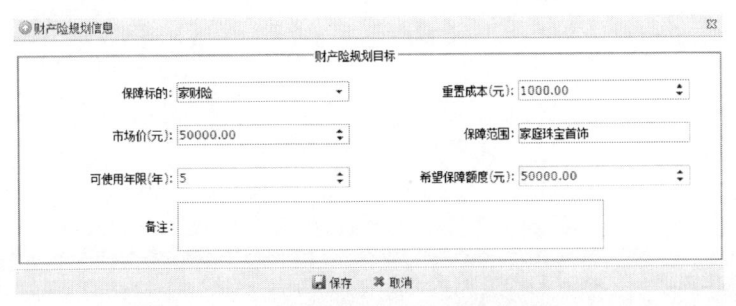

图 3.42 保险需求规划——财产险规划需求

（2）已有保單信息

查已有壽險保單，新增壽險信息，如圖 3.43 所示。

圖 3.43　新增已有壽險保單

已有健康險保單信息，如圖 3.44 所示。

圖 3.44　健康險保單信息

已有財產險保單信息，如圖 3.45 所示。

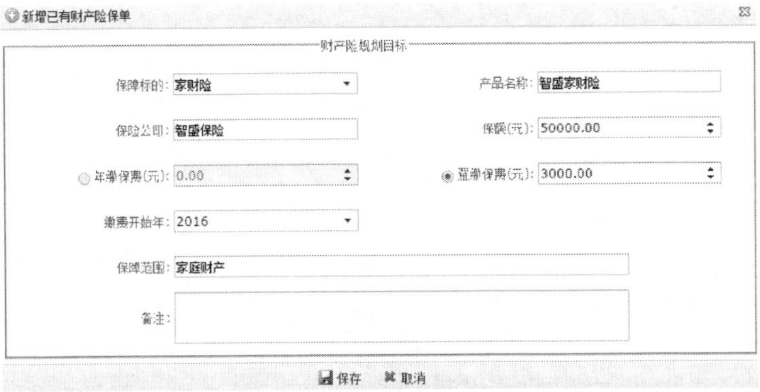

圖 3.45　財產險保單信息

(3) 社保繳納詳情

輸入本人與配偶的社保繳費情況，如圖 3.46 所示。

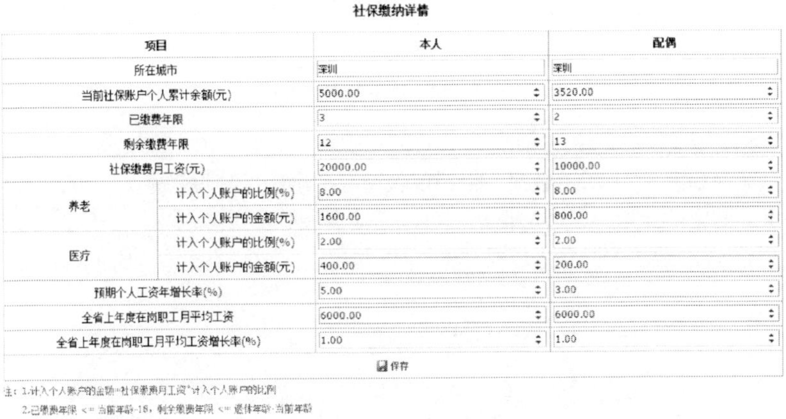
社保缴纳详情

项目		本人	配偶
所在城市		深圳	深圳
当前社保账户个人累计余额(元)		5000.00	3520.00
已缴费年限		3	2
剩余缴费年限		12	13
社保缴费月工资(元)		20000.00	10000.00
养老	计入个人账户的比例(%)	8.00	8.00
	计入个人账户的金额(元)	1600.00	800.00
医疗	计入个人账户的比例(%)	2.00	2.00
	计入个人账户的金额(元)	400.00	200.00
预期个人工资年增长率(%)		5.00	3.00
全省上年度在岗职工月平均工资		6000.00	6000.00
全省上年度在岗职工月平均工资增长率(%)		1.00	1.00

保存

注：1.计入个人账户的金额=社保缴费月工资*计入个人账户的比例
2.已缴费年限 <= 当前年龄-18，剩余缴费年限 <= 退休年龄-当前年龄

圖 3.46　家庭成員社保繳納信息

(4) 保險需求分析

進入如圖 3.47 所示界面，根據前面填寫的已有壽險保單信息，整理家庭壽險需求分析。

圖 3.47　壽險需求信息分析

進入如圖 3.48 所示界面，根據前面填寫的新增健康險需求和已有健康險保單信息，整理家庭健康險需求。

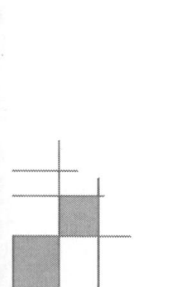

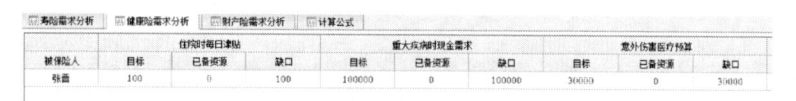

圖 3.48　健康險需求分析

（5）保險規劃產品推薦

進入如圖 3.49 所示界面，根據保險需求，選擇保險規劃產品。可以新增壽險保單、健康險保單、財產險保單。可以修改和刪除。

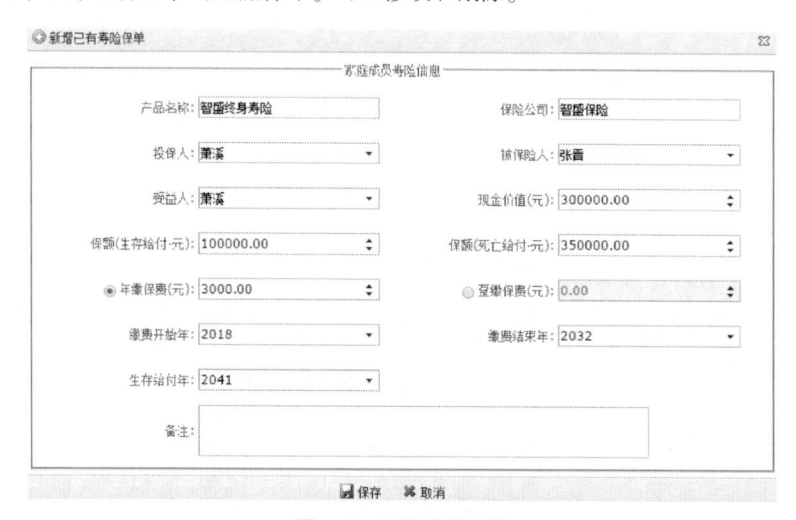

圖 3.49　新增壽險保單

(6) 保險規劃平衡測試

進入如圖 3.50 所示界面，查看保險平衡測試。

保险规划平衡测试

項目	金额（元）	占收支结余的比例(%)	占年收入的比例(%)
年收入结余	328400.00	-	-
年收入额	694400.00	-	-
原有年保费支出	10000.00	-	1.44
新增年保费支出	3000.00	0.91	-
合计年保费支出	13000.00	-	1.87
总结	除文报告输入150个字符。		

注：1.原有年保费支出：已有保单市还未到期的年保费支出合计
2.新增年保费支出：规划建议产品推荐中的年保费支出合计
3.合计年保费支出=原有年保费支出+新增年保费支出
4.占收支结余的比例=新增年保费支出/年收入结余
5.占年收入的比例（原有）=原有年保费支出/年收入
6.占年收入的比例（合计）=合计年保费支出/年收入

圖 3.50　保險規劃平衡測試

13. 退休養老規劃

(1) 退休生活目標

進入如圖 3.51 所示界面，輸入退休後支出調整系數，或者退休後實際支出金額現值，完成退休生活目標的填製。

退休生活目标

支出项目	现在年支出额（元）	退休后支出调整系数	退休后实际支出金额现值（元）	退休时年生活支出(元)	退休后10年年生活支出(元)	退休后20年年生活支出(元)	退休后30年年生活支出(元)
食品	70000	0.70	49000.00	85921.80	115471.71	155184.32	208554.75
服装	18000	0.60	10800.00	18937.87	25450.91	34203.89	45967.17
住房	4000	0.80	3200.00	5611.22	7541.01	10134.49	13619.90
交通	4000	0.80	3200.00	5611.22	7541.01	10134.49	13619.90
教育	3000	0.50	1500.00	2630.26	3534.85	4750.54	6384.33
娱乐、文化	60000	0.80	48000.00	84168.29	113115.14	152017.30	204298.53
医疗	8000	1.00	8000.00	14028.05	18852.52	25336.82	34049.76
交际	36000	0.80	28800.00	50500.97	67869.09	91210.38	122579.12
其他	4000	0.20	800.00	1402.80	1885.25	2533.62	3404.98
其他应备资源	0		10000	17535.06	23565.66	31670.27	42562.19
合计	207000	0.79	163300.00	286347.54	384827.15	517175.51	695040.63

注：退休后支出调整系数(0~20)、退休后实际支出金额现值（元），标记为红色供学生填写项，其他为系统生成项。
1.现在年支出额：财务报表中的年支出表
2.退休后实际支出金额现值=现在年支出额*退休后支出调整系数

圖 3.51　退休生活目標示意圖

(2) 養老保險繳費

進入如圖 3.52 所示界面，完成養老保險繳費的輸入。養老保險繳費和風險管理與保險規劃中的社保繳納詳情相關聯，雙方必須一致，修改任意一方，另一方的數據相對變化。

養老保險個人資料信息

本人			
賬戶名稱：	張普	退休年齡：	60
養老金發放月數：	139	已繳費年限：	3
當前社保賬戶累計餘額：	5000.00	個人繳費比例(%)：	1.00
社保繳費月工資(元)：	20000.00	繳費工資年增長率(%)：	5.00
上年度全省職工平均工資：	6000.00	上年全省職工平均工資增長率(%)：	1.00
剩餘繳費年限：	12		

配偶			
賬戶名稱：	董溪	退休年齡：	55
養老金發放月數：	170	已繳費年限：	2
當前社保賬戶累計餘額：	3520.00	個人繳費比例：	1.00
社保繳費月工資(元)：	10000.00	繳費工資年增長率(%)：	3.00
上年度全省職工平均工資：	6000.00	上年全省職工平均工資增長率(%)：	1.00
剩餘繳費年限：	13		

圖 3.52　養老保險個人信息詳情

進入如圖 3.53 所示界面，查看養老保險帳戶繳費表。

養老保險賬戶繳費記錄表

本人(張普)

繳費時間	繳費基數(元)	個人繳費比例(%)	個人每月繳費金額(元)	每月劃入賬戶的金額(元)	該年度賬戶增加金額(元)	賬戶累計金額(元)
2016	18000	1.00	200.00	200.00	2400.00	7400.00
2017	18180....	1.00	181.80	181.80	2181.60	9581.60
2018	18361....	1.00	183.62	183.62	2203.42	11785....
2019	18545....	1.00	185.45	185.45	2225.45	14010....
2020	18730....	1.00	187.31	187.31	2247.70	16258....
2021	18918....	1.00	189.18	189.18	2270.18	18528....
2022	19107....	1.00	191.07	191.07	2292.88	20821....
2023	19298....	1.00	192.98	192.98	2315.81	23137....
2024	19491....	1.00	194.91	194.91	2338.97	25476....
2025	19686....	1.00	196.86	196.86	2362.36	27838....
2026	19883....	1.00	198.83	198.83	2385.98	30224....
2027	20082....	1.00	200.82	200.82	2409.84	32634....

配偶(董溪)

繳費時間	繳費基數(元)	個人繳費比例(%)	個人每月繳費金額(元)	每月劃入賬戶的金額(元)	該年度賬戶增加金額(元)	賬戶累計金額(元)
2016	10000....	1.00	100.00	100.00	1200.00	4720.00
2017	10300....	1.00	103.00	103.00	1236.00	5956.00
2018	10609....	1.00	106.09	106.09	1273.08	7229.08
2019	10927....	1.00	109.27	109.27	1311.27	8540.35
2020	11255....	1.00	112.55	112.55	1350.61	9890.96
2021	11592....	1.00	115.93	115.93	1391.13	11282....
2022	11940....	1.00	119.41	119.41	1432.86	12714....
2023	12298....	1.00	122.99	122.99	1475.85	14190....
2024	12667....	1.00	126.68	126.68	1520.12	15710....
2025	13047....	1.00	130.48	130.48	1565.73	17276....
2026	13439....	1.00	134.39	134.39	1612.70	18889....
2027	13842....	1.00	138.42	138.42	1661.08	20550....
2028	14257....	1.00	142.58	142.58	1710.91	22261....

圖 3.53　養老保險繳費詳情

進入如圖 3.54 所示界面，查看個人平均繳費指數。

本人(張晉)				配偶(唐溪)		
繳費年限	繳費工資額(元)	全省職工平均工資(元)	繳費年限	繳費工資額(元)	全省職工平均工資(元)
2016	20000.00	6060.00	2016	10000.00	6060.00
2017	21000.00	6120.60	2017	10300.00	6120.60
2018	22050.00	6181.81	2018	10609.00	6181.81
2019	23152.50	6243.62	2019	10927.27	6243.62
2020	24310.13	6306.06	2020	11255.09	6306.06
2021	25525.63	6369.12	2021	11592.74	6369.12
2022	26801.91	6432.81	2022	11940.52	6432.81
2023	28142.01	6497.14	2023	12298.74	6497.14
2024	29549.11	6562.11	2024	12667.70	6562.11
2025	31026.56	6627.73	2025	13047.73	6627.73
2026	32577.89	6694.01	2026	13439.16	6694.01
2027	34206.79	6760.95	2027	13842.34	6760.95
			2028	14257.81	6828.56
本人平均繳費指數	3.00		配偶平均繳費指數	1.86	

圖 3.54　養老保險平均繳費指數

進入如圖 3.55 所示界面，查看每月可領取養老金。

可領取養老金

本人(張晉)				配偶(唐溪)		
賬戶	項目	數據	賬戶	項目	數據
個人賬戶養老金	個人賬戶累計金額(元)	32634.21	個人賬戶養老金	個人賬戶累計金額(元)	22261.35
	個人賬戶養老金計發月數(月)	139		個人賬戶養老金計發月數(月)	170
	每月可領額度(元)	234.78		每月可領額度(元)	130.95
基礎養老金	全省上年度在崗職工月平均工資(元)	6760.95	基礎養老金	全省上年度在崗職工月平均工資(元)	6828.56
	平均繳費指數(元)	3.00		平均繳費指數(元)	1.86
	繳費年限(年)	15		繳費年限(年)	15
	每月可領額度(元)	2028.29		每月可領額度(元)	1464.73
每月可領養老金總額(元)		2263.07	每月可領養老金總額(元)		1595.68
養老金領取開始時間(年度)		2035	養老金領取開始時間(年度)		2032

注：1. 個人賬戶養老金每月可領額度＝個人賬戶儲存額÷個人賬戶養老金計發月數
　　2. 基礎養老金每月可領額度＝省上年度在崗職工月平均工資×(1＋本人平均繳費指數)÷2×繳費年限×1%
　　3. 每月可領養老金總額＝個人賬戶養老金每月可領額度＋基礎養老金每月可領額度

圖 3.55　可領取養老金示意圖

（3）企業年金與退休後其他收入

進入如圖 3.56 所示界面，可新增本人與配偶的企業年金與退休後其他收入。

		企業年金			退休後	
姓名	領取方式	領取起始時間(年)	領取終止時間(年)	領取金額	其他退休後月收入(元)	備注
張晉	按年	2024	2051	2000	1000	
唐溪	按月	2040	2055	300	800	

圖 3.56　家庭年金和退休收入示意圖

(4) 商業養老保險

進入如圖 3.57 所示界面，可以對商業養老保險進行補充。

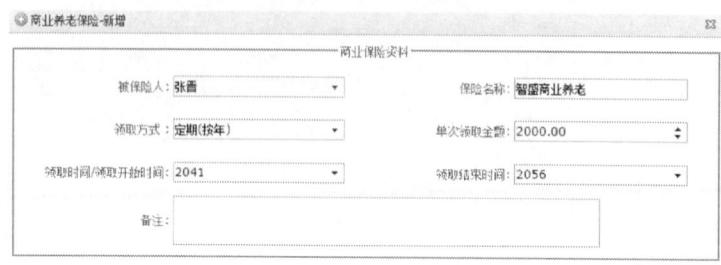

圖 3.57　商業保險信息

(5) 退休養老需求分析

進入如圖 3.58 所示界面，可以查看退休養老需求數據和收入支出列表，分析家庭養老需求。

退休時退休生活總需求（元）	退休時已備資源總額（元）	退休時退休金缺口（元）
4581560.64	801241.62	3780319.52

退休規劃收入支出表

年份	退休規劃年支出額(元)	退休規劃年收入額(元)
2016	207000.00	0.00
2017	213210.00	0.00
2018	219606.30	0.00
2019	226194.49	0.00
2020	232980.32	0.00
2021	239969.73	0.00
2022	247168.83	0.00
2023	254583.89	0.00
2024	262221.41	2000.00
2025	270088.05	2000.00
2026	278190.69	2000.00
2027	286536.41	2000.00

圖 3.58　退休養老規劃分析示意圖

(6) 退休規劃理財產品推薦

進入如圖 3.59 所示界面，根據養老規劃需求分析，選擇理財產品。

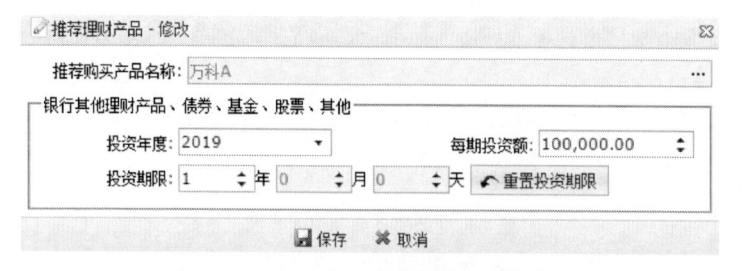

圖 3.59　退休理財產品選擇示意圖

（7）退休養老規劃現金流

進入如圖 3.60 所示界面，查看退休養老規劃現金流數據。

退休养老规划现金流

年份	退休规划年支出额(元)	退休规划年收入额(元)	理财产品支出总额(元)	理财产品收入总额(元)
2016	207000.00	0.00	0.00	0.00
2017	213210.00	0.00	0.00	0.00
2018	219606.30	0.00	0.00	0.00
2019	226194.49	0.00	100000.00	0.00
2020	232980.32	0.00	0.00	106000.00
2021	239969.73	0.00	2020.00	0.00
2022	247168.83	0.00	0.00	2151.30
2023	254583.89	0.00	0.00	0.00
2024	262221.41	2000.00	0.00	0.00
2025	270088.05	2000.00	0.00	0.00
2026	278190.69	2000.00	0.00	0.00
2027	286536.41	2000.00	0.00	0.00
2028	295132.50	2000.00	0.00	0.00
2029	303986.48	2000.00	0.00	0.00
2030	313106.07	2000.00	0.00	0.00
2031	322499.26	2000.00	0.00	0.00

圖 3.60　退休養老規劃現金流示意圖

（8）退休規劃平衡測試

進入如圖 3.61 所示界面，查看規劃平衡測試。

退休规划平衡测试

项目	金额(元)	占金融资产比率(%)	占月收支结余比率(%)
家庭金融资产	106000.00	-	-
家庭月平均收支结余	27366.67	-	-
最高年度一次性投资	100000.00	94.34	-
年度最高分期投资（平均每月）	0.00	-	0.00
总结	最大限制额／150个字符｜		

注：1. 年度最高一次性投资：购买一次性投资中所产生金额最高的那一年的投资额
　　2. 年度最高分期投资：购买期投资中所产生的最高的那一个月的投资额
　　3. 占金融资产比率=年度最高一次性投资／家庭金融资产
　　4. 占月收支结余比率=年度最高分期投资月平均收支结余

圖 3.61　退休規劃平衡測試

14. 稅收籌劃

（1）稅收繳納

進入如圖 3.62 所示界面，根據個人收入與個人所得稅規定，輸入家庭所需要繳納的稅收信息。

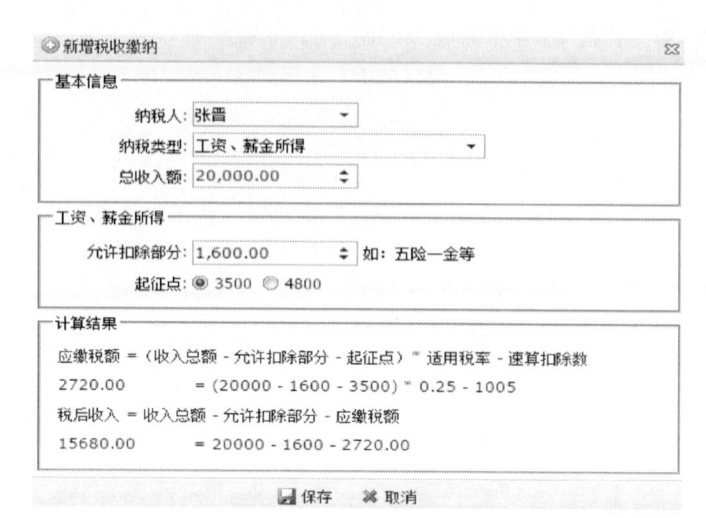

圖 3.62　新增稅收繳納

（2）合理避稅方法建議

進入如圖 3.63 所示界面，根據納稅情況，給出合理避稅的方法建議。

圖 3.63　合理避稅方法建議-編輯

15. 總現金流

進入如圖 3.64（a）、圖 3.64（b）、圖 3.64（c）所示界面，根據個人收入和稅收籌劃，可以得出家庭總現金流量表。

圖 3.64（a） 家庭總現金流量表 1

圖 3.64（b） 家庭總現金流量表 2

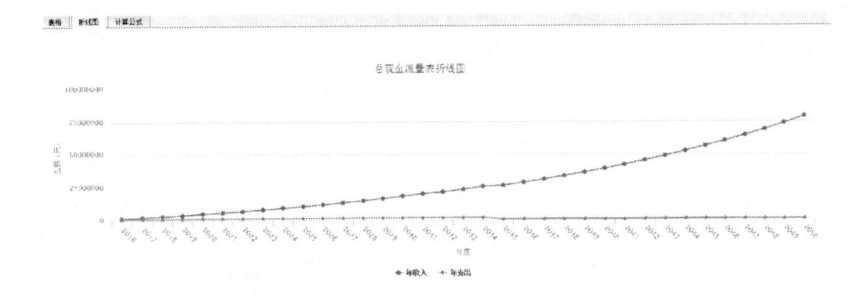

圖 3.64（c） 家庭總現金流量折線圖

16. 理財報告建議書

（1）理財報告建議書說明內容補充

進入如圖 3.65 所示界面，系統自動生成理財建議報告後，可對此報告進行文字補充和特別說明。

圖 3.65　內容編輯

（2）生成預覽理財報告建議書

點擊「生成預覽 PDF 文件」，生成理財規劃建議書，見圖 3.66，只有生成預覽後才能下載。如果修改了理財規劃的內容信息，要重新生成預覽。

圖 3.66　導出 PDF 文件——理財規劃建議書

（3）下載理財報告建議書

進入如圖 3.66 所示界面，點擊「下載 PDF 文件」，下載理財規劃建議書。

【實訓思考】

1. 需要繳納個人所得稅的種類有哪些？中國現行的個稅減免政策是什麼？
2. 個人工資薪金所得稅的稅率和計算方法是什麼？
3. 你認為有必要制定退休理財規劃嗎？
4. 適合退休理財的投資工具有哪些？
5. 試著為你的父母設計一份退休理財規劃。

實訓八　財商訓練互聯網徵信虛擬仿真實驗[①]

【實訓目的與要求】

1. 理解互聯網徵信的意義。
2. 理解和掌握互聯網徵信與實體投資的關係。
3. 掌握互聯網徵信的要素。
4. 掌握並熟悉互聯網徵信的流程。
5. 運用互聯網徵信的方法。
6. 理解並掌握企業信用評價方法。
7. 掌握提升企業融資效率的方法和途徑。

【實訓準備知識】

一、互聯網徵信的意義

實體投資是個人投資理財的重要組成部分。在國家號召「大眾創新、萬眾創業」的時代背景下，互聯網徵信利用互聯網金融技術，突出了在信息獲取途徑、提升企業徵信評級等方面的優勢，助力創業投資、融資。傳統的徵信模式以中國人民銀行徵信中心採集的金融機構貸款信息為主。許多小微企業和個體商戶很難獲得商業銀行貸款。企業融資徵信中缺乏信貸信息而影響信用評級，直接影響企業融資效率。互聯網徵信為小微企業融資徵信提供了新興渠道。目前互聯網徵信專業化、市場化的趨勢已經十分清晰。大型的互聯網徵信平臺如阿里信用已經上線。一些商業銀行在對中小企業的授信活動中，積極嘗試與專業的、獨立的徵信機構合作，擴大對小微企業的徵信數據範疇。

互聯網徵信是互聯網金融的重要內容，是金融創新的熱點，是提升企業信用管理水準，提高融資效率的新興途徑。互聯網+環境下的大數據、AI 技術對徵信方式、信息來源、信用評價體系迅速滲透，徵信已經向以互聯網技術為核心的「新技術+大數據」發展。本實驗項目把互聯網徵信平臺運作中的數據挖掘、整理、

[①] 2019 年度重慶市虛擬仿真實驗教學認定項目（渝教高發〔2019〕17 號）。

分析等過程進行虛擬仿真，克服傳統實驗無法解決的超大數據互聯、剖析、關聯隱蔽等高成本、複雜性問題，將財商訓練和「新儒商」精神融入其中。仿真互聯網徵信平臺的營運過程，是把抽象的數據處理、數據儲存、數據分析在仿真化、情景化、角色化的形態下展現出來。本項目借助虛擬仿真手段、實驗平臺、在線教學平臺、智能終端等構建了「線上+線下+智能+虛擬仿真」為特徵的「四位一體」教學環境。通過可視化的實驗過程，學生可熟練掌握互聯網徵信的要素、程序、方法，理解經營行為與信用水準、融資效率之間的關係。

二、互聯網徵信的概念

互聯網徵信是信息技術與金融創新交叉融合的發展熱點。它是專業的、獨立的第三方機構為企業或個人建立信用檔案，依法採集信用信息，並對外提供信息服務的一種活動，為需要融資的企業診斷信用水準和提出改進建議，為專業化的授信機構提供信用信息共享平臺。

三、互聯網徵信範疇

（1）企業概況：企業基本工商註冊登記信息；企業近期經營業績；近期主要財務指標，如總資產、淨資產、主營業務收入、毛利率、淨利潤等。

（2）現有股權結構、股權以及業務歷史沿革。

（3）人力資源管理：企業管理組織結構；部門設置及人員配置；各部門職責權限；員工結構、學歷；考核制度等。

（4）企業高管情況：董事、高級管理人員、技術人員簡歷。

（5）企業產品與技術：產品簡介；與同行同類產品比較等。

（6）行業及上下游情況：行業現狀及發展前景；行業所處生命週期發展階段；中國特殊的經營環境和經營風險分析等。

（7）財務情況：近期財務報表（資產負債表、利潤表、現金流量表）；應收及預付帳款、其他應收應付款、存貨及固定資產、無形資產、長期投資、長短期借款、應繳稅費等。

（8）第三方平臺交易信息：企業法人個人交易信息（如水、電、氣費）、信用卡還款信息等。

（9）第三方平臺帳戶信息：第三方帳戶轉帳、提現記錄、資金結算、資金往來狀況、資金週轉、資金使用信息。

（10）第三方平臺信用評價信息：有擔保功能的第三方支付公司與電子商務網站合作，網上交易行為形成信用數據。

【實訓內容】

（1）學生選擇實驗角色，選擇實驗參數。實驗角色是不同信貸需求和信用水準的小微企業家。

（2）企業向銀行提出信貸申請，填寫貸款申請表。

（3）銀行信貸專員向企業法人講明信貸程序和徵信要求。

（4）銀行向徵信平臺發出徵信需求，提出徵信內容。

（5）企業向互聯網徵信平臺提供信用資料，徵信專員將企業信息和數據輸入系統。

（6）徵信平臺通過數據爬蟲採集數據。徵信平臺從企業融資的實際需求出發，確定需要採集的數據種類。

（7）徵信平臺運用徵信模型進行信用評分。信用評分運用數據挖掘技術和統計分析方法，通過對個人的基本情況、信用歷史記錄、交易記錄等大數據進行系統的分析。信用評分模型有各種類型，能夠預測未來不同的信用表現，在對徵信數據進行分析是，要借助統計分析方法。實驗中學生填寫參數即可出現分析結果。

（8）給出徵信評價結果，出具徵信報告、提出改進建議。徵信報告為既定模板。學生根據實驗分析數據填寫。

（9）徵信平臺將得出結果反饋給企業，企業按評價改進建議補充企業信息、完善資料，並提交給徵信平臺。

（10）徵信平臺更新信用測評，更新信用報告。

（11）銀行等金融機構根據信用報告給出信貸決定。

（12）平臺能在實驗完成後可以在線編輯實驗報告提交到教師管理端進行批閱。

（13）平臺包括可以在線進行交流提問，可查看老師對問題的回復。

【實訓步驟】

一、登錄 www.ilab-x.com，選擇「財商訓練互聯網徵信虛擬仿真」實驗項目，進入首頁，開始實驗。（請用谷歌或火狐瀏覽器。）如圖 3.67 所示。

圖 3.67　實驗說明

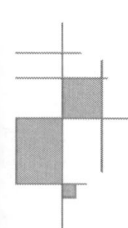

閱讀實驗說明，點擊「實驗開始」，如圖 3.68。

圖 3.68　實驗項目首頁

二、設置企業基本信息

1. 頁面加載完成，學生進入進入虛擬三維實驗場景中，可查看財務狀況信息不同的企業：A 企業、B 企業。點擊利潤表可查看大圖展示。點擊其中一個企業進行實驗。點擊「A 企業」，如圖 3.69 所示。

圖 3.69　選擇角色

雙擊「利潤報表」，詳讀利潤表，深入瞭解企業財務狀況。如圖 3.70。

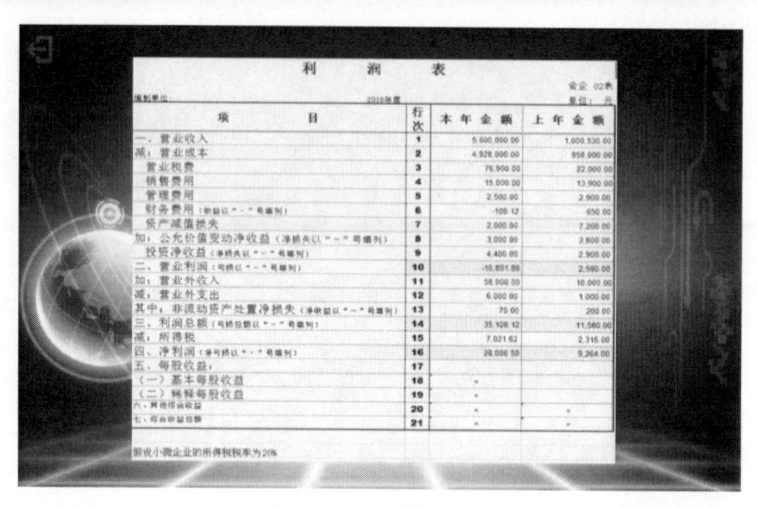

圖 3.70　角色財務信息

2. 選擇貸款類型：信用貸款、抵押貸款，目前兩種貸款類型操作流程相同。點擊「信用貸款」，如圖 3.71 所示。

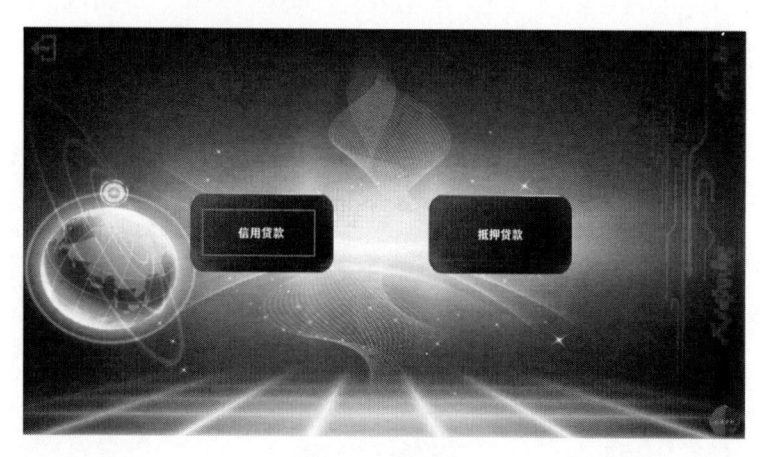

圖 3.71　貸款種類

3. 設置企業基本信息。輸入真實的企業信息，要注意前後信息一致，真實可查。輸入企業身分信息、主要出資人信息（股東）、法人高管信息，正確完整後，點擊「提交」，如圖 3.72。

圖 3.72　企業基本信息表

4. 選擇攜帶的資料，可全選也可選擇目前攜帶的。點擊「提交」，如圖 3.73 所示。

圖 3.73　信貸資料

提交資料後，按回車或鼠標點擊頁面進入下一步。如圖 3.74 所示。

圖 3.74　進入三維界面

三、向銀行提出信貸申請

1. 企業法定代表人點擊對話框進入對話流程，如圖 3.75 所示。

圖 3.75　銀行信貸場景 1

點擊對話框，繼續實驗，如圖 3.76 所示。

圖 3.76　銀行信貸場景 2

2. 填寫中國×××銀行小微企業信貸業務申請書，輸入企業基本信息、企業信貸需求。這裡填寫的信息要和前面設置的企業基本信息保持一致（可點擊右下角「已填資料」查看，也可點擊右上角「數據輸入說明和微視頻」學習操作步驟）。如圖 3.77 所示。

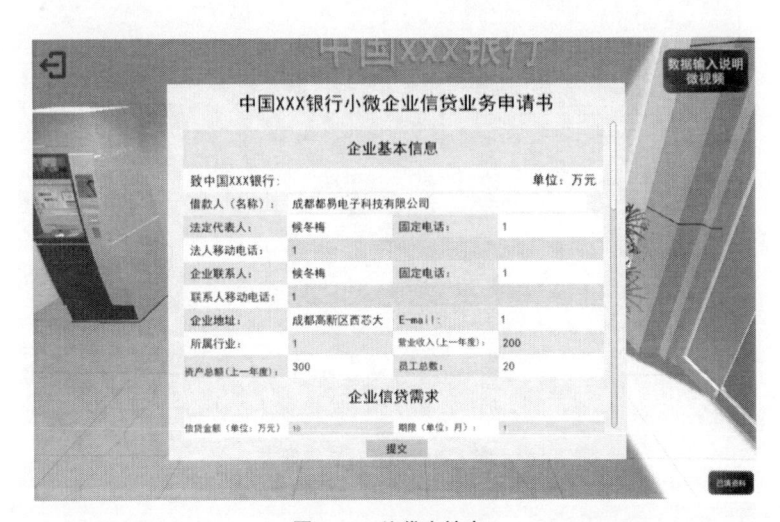

圖 3.77　信貸申請表 1

填寫完表格中的內容，點擊「蓋章」，如圖 3.78 所示。

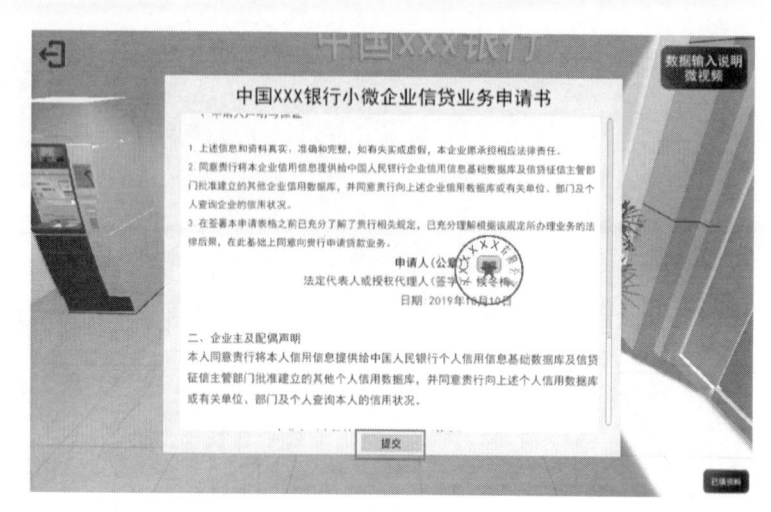

圖 3.78　銀行信貸場景 2

3. 根據提示走近銀行櫃臺。操作鍵盤上的【←Home】鍵——【↑PgUp】鍵。如圖 3.79 所示。

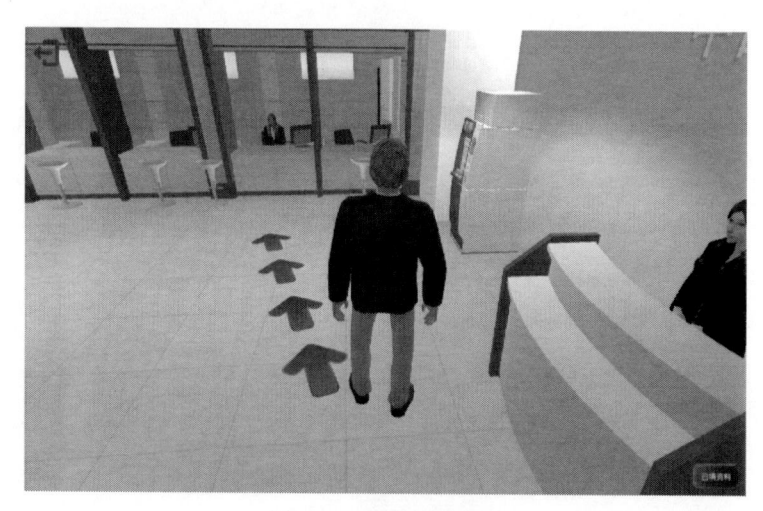

圖 3.79　銀行信貸場景 3

4. 向銀行員工提交資料。點擊對話框進入對話流程，如圖3.80所示。

圖3.80　銀行信貸場景4

點擊對話框，繼續實驗，按對話要求提交相關資料。如圖3.81所示。

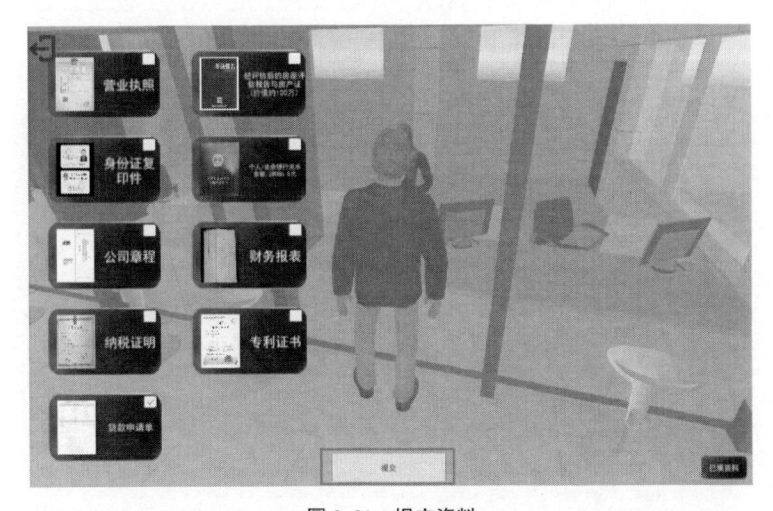

圖3.81　提交資料

銀行後臺將企業提交的表格和資料等信息傳送給互聯網徵信公司。如圖 3.82 所示。

圖 3.82 銀行信貸場景 5

5. 提交資料後，法定代表人在銀行的櫃機上打印個人徵信報告。操作鍵盤上的【↑PgUp】、【→End】、【↓PgDn】鍵。如圖 3.83 所示。

圖 3.83 個人徵信場景 1

點擊「打印報告」，如圖 3.84 所示箭頭所在位置。

圖 3.84　個人徵信場景 2

閱讀企業法定代表人徵信報告，掌握法定代表人個人徵信情況，思考法定代表人信用水準與企業信用水準的關係，如圖 3.85 所示。然後點擊「收起」後，進入徵信平臺場景。

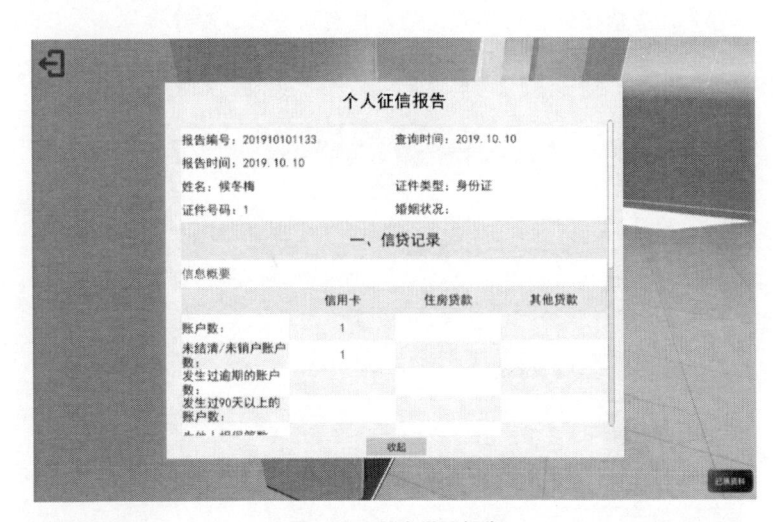

圖 3.85　個人徵信報告

四、向徵信平臺提出徵信評估

1. 進入徵信平臺機構，操作鍵盤上的【←Home】、【↑PgUp】、【↓PgDn】、【→End】鍵。與工作人員對話，點擊對話框，如圖 3.86 所示。

圖 3.86　互聯網徵信平臺場景

2. 填寫企業信用信息申請表，輸入真實信息後，點擊「蓋章」，然後點擊「提交」，如圖 3.87 所示。

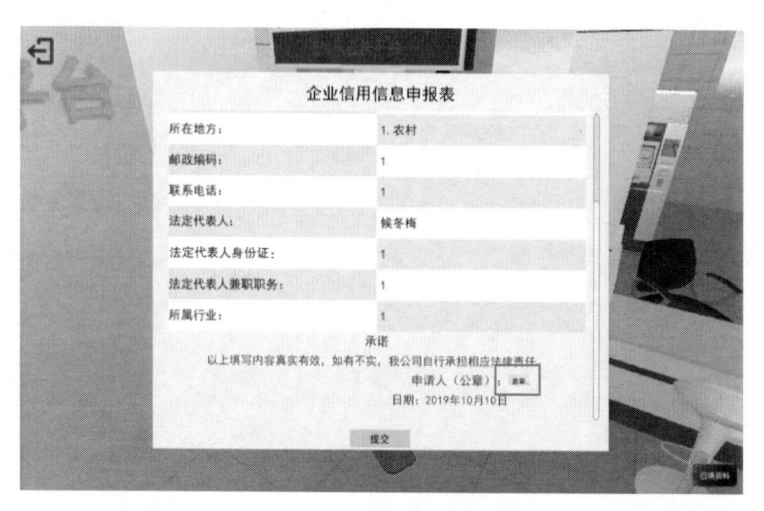

圖 3.87　企業信用申請表

3. 提交資料，徵信平臺通過數據爬蟲採集數據，從企業融資的實際需求出發，確定需要採集的數據種類。如圖 3.88 所示。

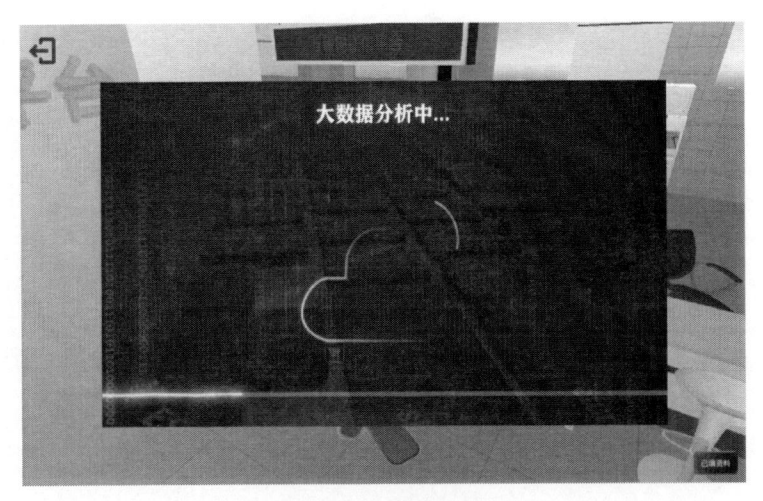

圖 3.88　大數據分析

4. 徵信平臺運用徵信模型進行信用評分。信用評分運用數據挖掘技術和統計分析方法，通過對個人的基本情況、信用歷史記錄、交易記錄等大數據進行系統的分析。信用評分模型有各種類型，能夠預測未來不同的信用表現，在對徵信數據進行分析時要借助統計分析方法。實驗中學生填寫參數即可出現分析結果。如圖 3.89 所示。

圖 3.89　徵信平臺交流場景

5. 獲得企業信用報告，出具徵信報告、提出改進建議。得出信用評分，低於 30 則通過，若高於 30 則不通過。如圖 3.90 所示。

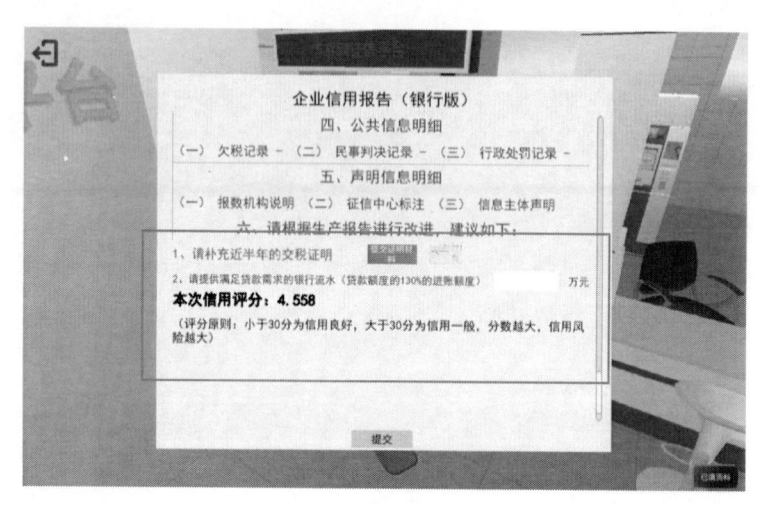

圖 3.90　企業徵信報告

6. 提交證明材料，再次輸入模型數據補充完整材料。徵信平臺更新信用測評，更新企業信息報告。如圖 3.91 所示。

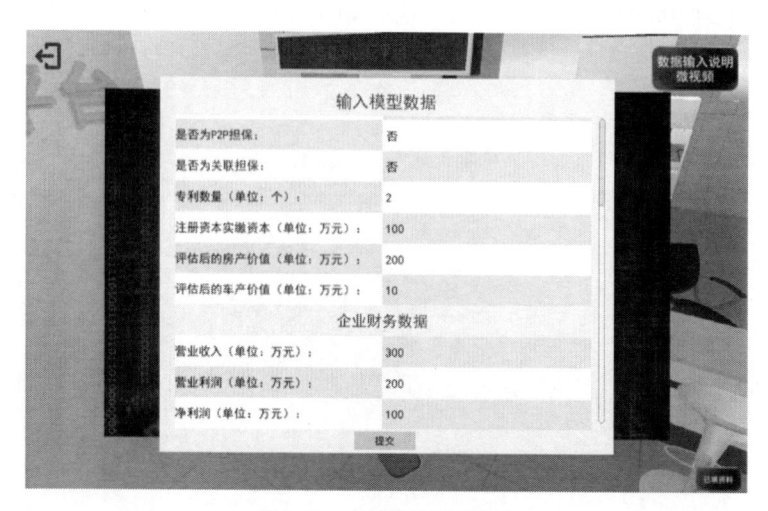

圖 3.91　企業徵信評價模型

點擊對話框，進入下一場景（銀行信貸）。此時，企業的信用報告已生成。如圖 3.92 所示。

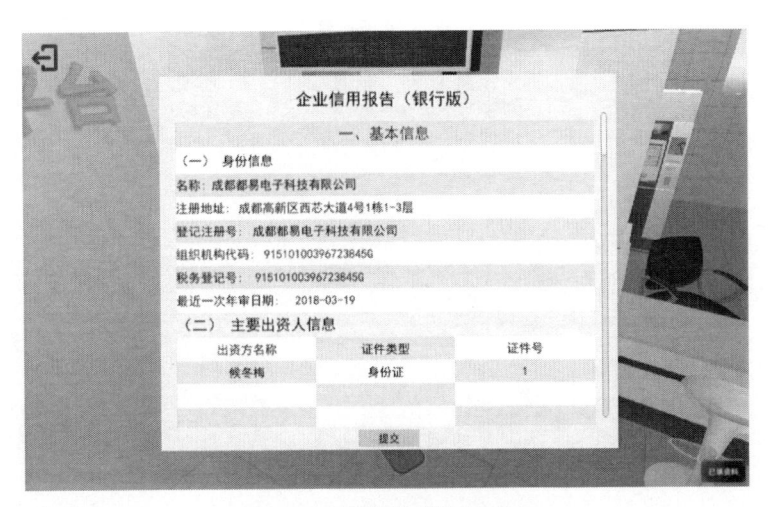

圖 3.92　修復後的企業徵信報告

點擊對話框，進入下一場景（銀行信貸）。此時，企業的信用報告已生成。

五、銀行信貸給企業

1. 法定代表人回到銀行，將企業信用報告和個人徵信報告提交給銀行。如圖 3.93 所示。

圖 3.93　到銀行提交信用報告

2. 根據提示提交補充資料。如圖 3.94 所示。

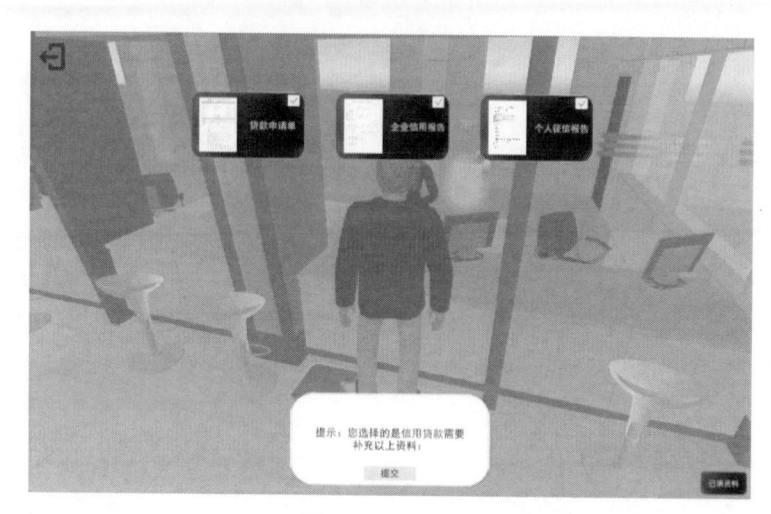

圖 3.94 提交資料

3. 得出信貸金額，完成實驗，提交實驗報告，如圖 3.95 所示。

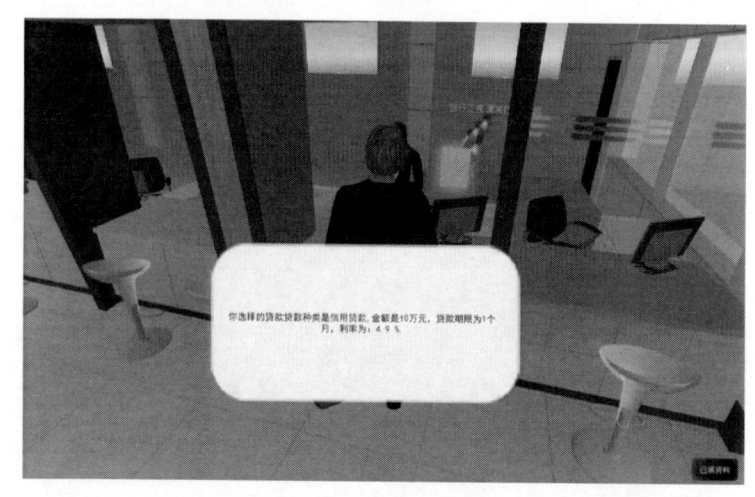

圖 3.95 核定貸款數據

4. 學生選擇「是」，生成實驗報告。如圖 3.96 所示。

圖 3.96　生成實驗報告

5. 提交實驗報告，系統自動批閱，教師可進行查看，如圖 3.97 所示。

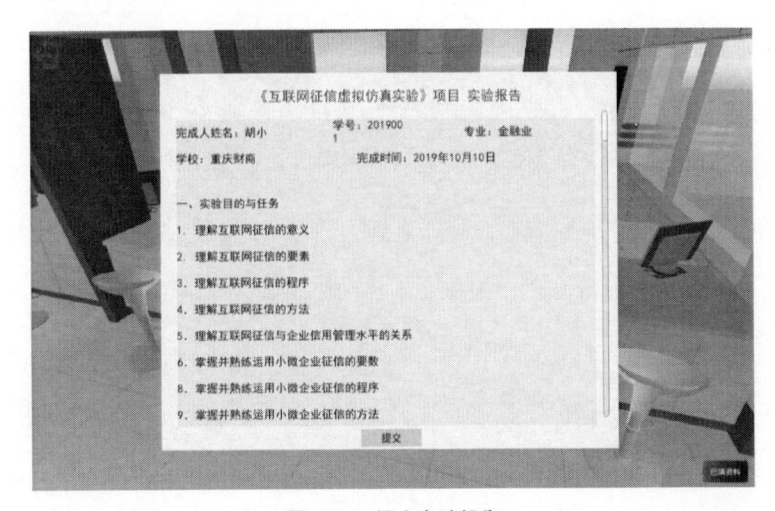

圖 3.97　提交實驗報告

六、查看成績

1. 學生完成實驗，提交實驗報告後，點擊「查看成績」，可查看每次提交實驗報告的列表。可查看系統評分和專家評分。如圖3.98所示。

圖3.98　實驗評分

2. 點擊某次實驗可查看該次實驗報告，如圖3.99所示。

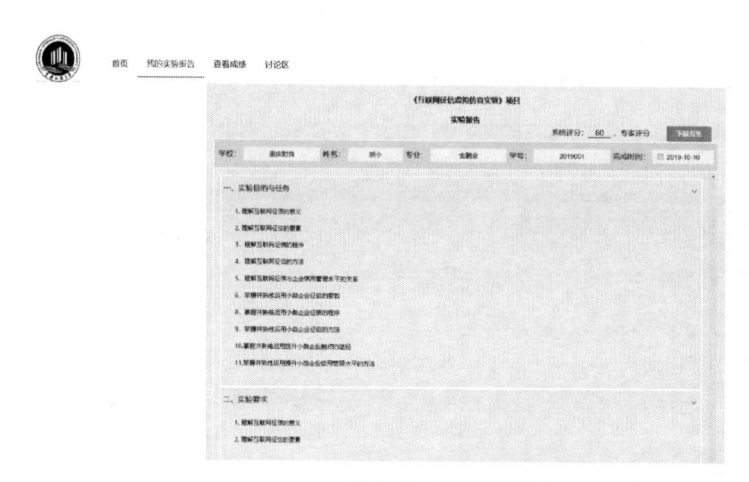

圖3.99　查看實驗報告

七、我的實驗報告

我的實驗報告，如圖3.100所示。

1. 在做實驗前，「我的實驗報告」展示的是模板。
2. 提交了實驗報告後，展示已做實驗的實驗報告。
3. 「下載報告」成功，方可傳送實驗數據和成績到系統後臺。

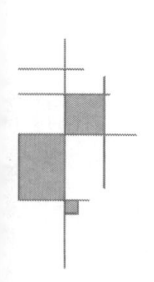

圖 3.100　下載實驗報告

【實訓思考】

1. 為什麼小微企業徵信中也要對企業法定代表人進行個人徵信調查？
2. 哪些因素會影響徵信結果？
3. 傳統徵信與互聯網徵信有何不同？
4. 互聯網徵信對小微企業融資的優勢？

第四篇
案例應用篇

案例 宏觀經濟變量對中國股市波動的影響

(全國高校經管類實驗教學優秀案例 證書編號：NDC18A110004920)

【案例背景】

1. 貨幣政策的出抬

2012 年 7 月 5 日晚上 7 點，央行宣布自 7 月 6 日起下調存貸款基準利率。金融機構一年期存款基準利率下調 0.25 個百分點，貸款基準利率下調 0.31 個百分點。這距離上次降息的 6 月 8 日還不到 1 個月。與上次降息不同的是，央行繼續調整貸款的下限區間至基準利率的 0.7 倍，同時要求金融機構要繼續嚴格執行差別化的各項住房信貸政策，繼續抑制投機投資性購房。

2. 意外降息的原因

在央行連續兩週進行逆回購向市場輸入流動性的時候，在市場預期 7 月份是央行下調存款準備金率的敏感時期，央行「意外」地選擇了不對稱降息，並增加了貸款利率的下浮區間。國務院發展研究中心金融所研究員巴曙松也稱「此次降息距上次降息不到一個月，這種頻率的降息操作在歷史上並不多見」。

（1）意外降息或與 6 月份的經濟數據不理想有關

2012 年 7 月 13 日國家統計局公布數據，GDP 季度增速三年來首次破 8%。上半年國內生產總值 227,098 億元，按可比價格計算，同比增長 7.8%。其中，一季度增長 8.1%，二季度增長 7.6%。2012 年 6 月份 CPI 上漲 2.2% 創 29 個月以來新低。中國物流與採購聯合會與國家統計局服務業調查中心發布中國 6 月份製造業採購經理指數 PMI。數據顯示，6 月份，中國製造業 PMI 為 50.2%，比上月微幅回落 0.2 個百分點，創 7 個月來低點，反應當前經濟發展仍有下行壓力。

（2）市場評論

經濟學家巴曙松認為，意外降息的一個原因是 CPI 回落趨勢超乎市場預期，按目前趨勢，7 月份 CPI 有望回落到 2% 以下，為宏觀政策放鬆提供了空間，另外經濟增長持續回落也促使包括降息在內的新的適度放鬆政策出抬。持續降低的貸款利率有利於激發貸款需求和降低企業融資成本。清華大學經濟管理學院經濟學教授李稻葵也認為，在通脹壓力驟降的大背景下，降息的目的是銀行給實體經濟讓利，促進實體經濟回暖。中國銀行金融研究所所長宗良認為，這是央行刺激投資和消費、應對經濟低迷的又一重要舉措，意在「穩經濟」而非著力於股市、房市。繼續擴大貸款利率浮動範圍，利率市場化改革再次加速。金融問題專家趙慶明分析，在 PMI 下降、企業經營不景氣同時實體經濟信貸需求不足，物價正在回落等狀況下，此時降息比降準更有意義和價值。本次貸款利率下調 0.31 個百分點，同時下浮至 7 折，將為全社會（主要是企業）節省融資成本將近 3,000 億元，並且降息有利於企業增加投資和增加對未來的信心。綜上所述，學者對此降

息政策的理解是刺激實體經濟投資。

(3) 銀行聯手「對抗」央行？

然而，工、農、中、建、交五大國有商業銀行在 7 月 6 日調整一年期存款利率至基準利率 1.08 倍，達到 3.25%。寧波銀行、招商銀行、北京銀行、中信銀行、浦發銀行等中小商業銀行則將一年期存款利率上調 1.1 倍，達到 3.3%。以招商銀行為例，活期存款執行 0.385% 的年利率，3 個月期上浮到 2.86%，半年期存款上浮至 3.08%，1 年期存款利率自基準利率的 3% 上浮至 1.1 倍，達到 3.30%，均高於五大國有銀行。2 年期、3 年期、5 年期存款利率則同樣與央行最新的基準利率一致。寧波銀行與廣東華興銀行則更為「激進」，不但將 1 年以下存款利率上浮，2 年期、3 年期、5 年期存款利率也調整為 4.125%、4.675%、5.225%，大有鞏固長期存款之勢。下面從兩個方面分析。

第一，商業銀行能否違背央行的指令？

2012 年 6 月 7 日，中國人民銀行宣布下調存貸款利率 25 個基點，同時放鬆存款利率上浮區間，即將金融機構存款利率浮動區間的上限調整為基準利率的 1.1 倍。自 2012 年 6 月 8 日起，各金融機構可將存款利率進行浮動，浮動區間的上限為基準利率的 1.1 倍。可見，商業銀行的行為是在利率市場化推動下政策允許的前提下進行的。

第二，商業銀行要上調存款利率的原因？

①由於 6 月屬於商業銀行的半年考，也導致了商業銀行積極吸收存款以達到監管要求，而這些存款的存在也要求商業銀行在 7 月 5 日必須上繳存款準備金，因此會造成市場間的流動性緊張。②央行發布「2012 年 6 月份金融市場運行情況」，數據顯示 6 月份，同業拆借利率較上月有所上升，同業拆借加權平均利率為 2.72%，較 5 月份上升 53 個基點；6 月 29 日，7 天拆借加權平均利率為 4.16%，較 5 月末上升 200 個基點。③商業銀行息差收窄，對利潤來源和資本充足率的穩定提出了挑戰。

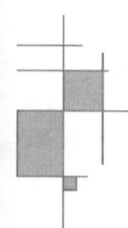

(4) 降息對宏觀經濟的影響

① LM 曲線

凱恩斯理論更強調貨幣的投機動機，即人們持有貨幣是為了購買股票債券等投資品。凱恩斯學派關於貨幣政策的作用可以分成兩個階段。一方面，當 LM 曲線向右上方傾斜時（如圖 4.1 所示），擴張的貨幣政策可以降低利率並促進經濟增長；另一方面，LM 曲線水準，因而貨幣政策完全無效，只能通過擴張性的財政政策刺激經濟。古典學派認為財政政策是無效的，但擴張性的貨幣政策可以使 LM 曲線右移，降低利率擴大投資，從而促進經濟增長。

圖 4.1　LM 曲線

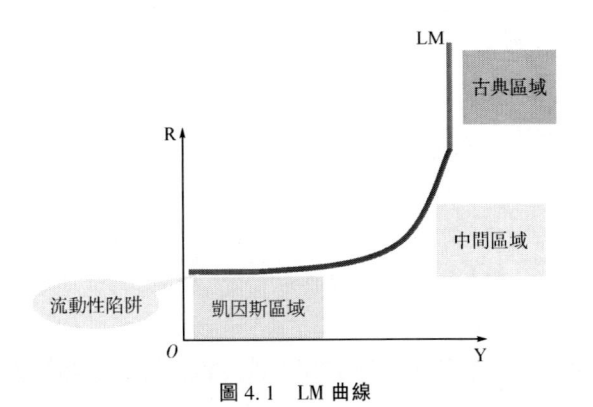

②降息對宏觀經濟的影響

降息是擴張性貨幣政策的手段。利率分存款利率和貸款利率。貸款利率的下降會刺激投資需求，增加投資，促進經濟增長。不管是新古典投資模型，還是凱恩斯理論，都認為投資是利率的函數，且與利率負相關。利率下降增加了企業貸款的慾望，促進了企業的投資需求。存款利率的下降會改變居民的資產組合，增加居民投資股票的意願。

（5）降息對股市的影響

利率對股票投資活動有十分直接的影響。利率的變化從三個方面影響股票市場。第一，利率是計算股票內在投資價值的重要依據之一。當利率水準上升，同一股票的內在投資價值下降，從而導致股票價格下跌。第二，利率下降時，投資者對持有股票的機會成本降低，更願意將儲蓄轉化到投資，股票價格會因需求增加而上升。第三，利率下降還會降低企業借貸成本，鼓勵企業擴大生產規模，有利於提升業績。雖然利率變動對股票價格的影響很直接，但是當投資者對利率變動不敏感時，利率變動的影響就沒有意義了。

（6）理論很豐滿，現實很骨感

①降息後股指下跌

2012 年 6 月份，上證股指震盪下跌，上證指數月末收於 2,225.43 點，較 5 月末收盤下跌 146.8 點，跌幅為 6.2%。上證 A 股市場日均交易額 606.6 億元，較上月減少 273.4 億元。如圖 4.2 所示。

圖 4.2　K 線圖

在央行 2012 年 6 月 7 日和 7 月 5 日宣布降息的第二天，上證指數分別上漲 1.04%和 1.01%。然而央行寬鬆的貨幣政策對股市的刺激效果確實轉瞬即逝，在兩次降息宣布後的第三個交易日都拉出了陰線，而後市行情的趨勢並未改變，繼續震盪下行。在兩次降息的過程中，上證指數下跌了 5.67%。可見，如果投資者單純用宏觀經濟理論去進行投資決策分析，很有可能在降息當天買進股票，而後市的發展會使投資者被套。

②降息後股市下跌的原因分析

由於 2012 年上半年宏觀經濟下行壓力較大，商業銀行為穩定資金來源，減小降息後存貸差對銀行業績的影響，因此，在利率市場化改革的推進下，央行宣布降息後，商業銀行集團上浮利率，衝淡了降息對市場的影響。

【實驗目的與要求】

利用智盛金融股票模擬實戰軟件和 Eviews 軟件建立模型，分析證券投資價值與宏觀經濟各變量之間的關係，判斷證券投資時機和證券投資價值，實證利率變化對股市波動的影響。

（1）收集相關宏觀經濟變量數據，超過 15 個時間序列數據組。數據來源：在中華人民共和國國家統計局、中國人民銀行、中國證券監督管理委員會、中國銀行業監督管理委員會等網站上收集相關的數據（如 GDP、GDP 增長率、CPI、利率水準、法定存款準備金率、上證綜合指數、深證成分指數、滬深 300 股指期貨、股票總市值、外匯交易）。

（2）根據收集的數據頻率和時間範圍，創建 Eviews 工作文件（Workfile）

（3）錄入數據，並對序列進行初步分析。分別繪製上證綜合指數序列的折線圖，初步分析序列的基本趨勢和變量之間關係。

（4）對模型進行檢驗。利用 t 統計量、DW 統計量、殘差正態性檢驗、自相關的 LM 檢驗、異方差 White 檢驗等方法對模型進行檢驗。

（5）對模型進行評價。利用樣本決定系數 R2 和調整後的 R2 等指標，結合模

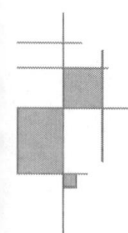

型的檢驗結果對模型進行評價。

（6）對模型的經濟意義進行解釋。對參數估計值和樣本決定系數 R2 的經濟意義進行解釋。

（7）綜合上述實驗步驟得出的結果，得出最終結論（證券投資價值與宏觀經濟各變量之間的關係）。總結實驗過程中的問題以及得到的經驗教訓。根據實證分析結論，完成實驗報告。

【實驗案例分析過程】

一、理論分析

根據投資函數可知，利率水準與投資量是負相關。首先，當利率下降，同一股票的內在投資價值上升，從而導致股票價格上升。其次，利率下降時，投資者對持有股票的機會成本降低，更願意將儲蓄轉化到投資，股票價格會因需求增加而上升。最後，利率下降還會降低企業借貸成本，鼓勵企業擴大生產規模，有利於提升業績。

二、金融軟件分析

1. 登錄智盛金融股票實戰軟件，選擇上證綜合指數，切入案例中對應的時間點，如圖 4.3 所示。

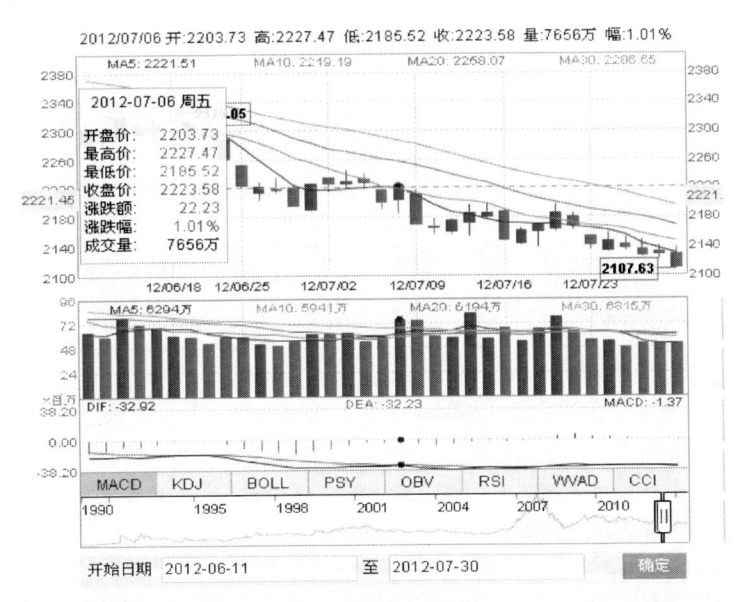

圖 4.3

降息消息是在 7 月 5 日晚上宣布的，上證綜合指數在降息宣布的第二個交易日（7月6日）拉出一根陽線，但在下一個交易日卻走出了一根長陰線，並且後

期繼續震盪下行。

2. 在智盛金融股票實戰軟件輸入招商銀行的股票名稱或代碼,切入案例對應的時間段,觀察此股票的技術形態,如圖4.4所示。

圖4.4

招商銀行在降息第二個交易日即跳空低開,低開低走。下一個交易日繼續下行,拉出一根大陰線,後續交易日的均線繼續保持空頭排列形態。

對比上證綜合指數,招商銀行的股價在第二個交易日便急遽下跌,與上證綜合指數當天的表現相反。其原因是銀行的此次不對稱降息對銀行的利潤來源,存貸利差的影響較大,所以此次降息對銀行板塊衝擊較大。招商銀行作為銀行板塊的領頭羊,其表現代表了此次不對稱降息對銀行板塊的影響。

三、實證分析

1. 影響因素

(1) 流通股票總市值(CSV)。上海和深圳證券交易所全部上市公司流通股票市值的總和。其作為因變量。

(2) 狹義的貨幣供給量(M1)。狹義的貨幣供給量與流通股票總市值在理論上是正相關。

(3) 每月股票總成交金額(TSV)。成交量對股票的影響是複雜的。
當股票上漲時,如果成交量有效放大,預期股票繼續上漲的動力就越強。
當股票下跌時,如果成交量有效放大,預期股票繼續下跌的動力就越強。
如果在股市趨勢反轉時也可能出現與前面相反的情況。

(4) 國內生產總值增長率(GDPR)。它反應國內經濟總量增長的速度,是經

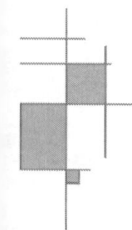

濟運行環境的重要指標，並在一定程度上能反應上市公司總體業績水準。

（5）居民消費價格指數（CPI）。居民消費價格指數與通貨膨脹預期密切相關，且成正相關。它的變動會引起其他因素的變化，如實際利率水準、央行是否採取貨幣政策措施等。所以，它不是簡單直接影響股票市場，而是一個綜合性的影響因素。

（6）利率（R）。一般來說，利率越高，人們持有貨幣的機會成本越大，投機性貨幣需求就越少，實際利率變動對股票市值影響是反方向的。

（7）隨機因素（U）。包括未考慮到的影響流通股票總市值的其他因素。

2. 計量模型

建立模型如下：

$$CSV_t = f(M1_t,\ TSV_t,\ GDPR_t,\ CPI_t,\ R_t,\ U_t)$$

四、實證檢驗

1. 數據選取

迴歸分析的數據選取是從中國國家統計局、中國人民銀行和中國證券監督管理委員會官方網站上獲得的，數據具有準確性、權威性。

（1）流通股票總市值（CSV）是滬深流通股票市值總和。它的變動基本能反應中國股票市場波動情況。

（2）狹義的貨幣供給量（M1）是由中國人民銀行定期公布的 M1。目前中國已經實行「銀證通」結算方式，我們主要研究 M1 的變化對流通股票總市值的影響。

（3）每月股票總成交量（TSV）數據來源於中國證券監督管理委員會統計月報。它的變動與股市波動有密切聯繫。

（4）國內生產總值增長率（GDPR）數據來源於國家統計局公布的季度數據並修正所得，是衡量國家經濟增長的最重要的指標。

（5）居民消費價格指數（CPI）。它能反應通貨膨脹的變化情況，由中國國家統計局網站獲得，並以上年同月為基期，基期值為 100。

（6）利率（R）。我們採用一年期存款基準利率，由中國人民銀行網站獲得，既可採用短期利率，也可採用長期利率，由於目前中國利率結構較為合理，採用何種利率差別不大。

2. 迴歸結果

我們按迴歸方程，根據所查數據，利用 Eviews 軟件進行迴歸分析，並按如下步驟進行：

第一步，根據假設的流通股票總市值模型進行迴歸分析，得出各個變量的迴歸係數；

第二步，將系數不顯著的變量剔除，再進行第二次迴歸，得出與股票市值關係最為顯著的變量所構成的迴歸方程。

第一步結果表明，在方程迴歸中，GDPR 對 CVS 的統計不顯著。因此，在第二步迴歸分析時剔除 GDPR，迴歸結果如下：

Ln（CVS）= - 44.112,93 + 0.999,407Ln（M1）+ 0.277,818Ln（TSV）+ 8.397,819Ln(CPI) + 1.101,064Ln(R)

Prob.	0.002,1	0.010,3	0.000,0	0.001,5	0.002,5
Std. Error	13.157,81	0.369,401	0.030,191	2.415,708	0.335,257
t-Statistic	-3.352,605	2.733,560	9.202,018	3.476,339	3.284,233

F = 782.612；R = 0.990,194；AR = 0.988,929（調整值）；DW = 1.843,195（杜賓值）

3. 迴歸結果檢驗

（1）方程迴歸分析中 R-squared 和 Adjusted R-squared 的值接近 1，表明各方程的擬合優度很高。

（2）方程迴歸分析都通過了顯著水準為 1% 的 F 檢驗（各方程的 F 值遠遠大於查閱統計頒布表的值 4.02），表明各方程在整體上都是高度顯著的。

（3）方程迴歸分析的 DW 值為 1.843,195，落在 [1.513, 2.487] 區間，並且在 2 的附近，通過了 1% 的 DW 檢驗，再觀察方程的殘差圖，我們發現，殘差的分佈是隨機的，因此可以確定方程不存在一階自相關問題。

（4）方程的截距和迴歸系數都通過了顯著水準為 1% 的 T 統計檢驗，T 的絕對值均大於查表得出的值 2.457，而且標準差都很小。因此，方程中的截距和迴歸系數都是顯著的，且穩定性好。

4. 迴歸結果分析

在迴歸方程中：

（1）M1 的迴歸系數與理論預期一致，正相關。即隨著 M1 的增加，金融市場流動性增加，流入股票市場的資金越多，股價上升，股票流通市值增加。

（2）TSV 與 CSV 正相關。即滬深股市的月總交易量與股票市值是同向變動關係，說明 CSV 的增加伴隨著股票交易量的推動。

（3）CPI 與 CSV 正相關。即 CPI 上升，股票市值增長。對這一現象的解釋是：由於 CPI 的上升，實際利率相對下降，人們把資金投入股市的偏好增加，銀行儲蓄相對減少。

（4）利率 R 與 CSV 正相關，與理論預期不一致。在對中國股市的長期觀測中發現，當有降息利多信息時，股市就會有上升動因的提前反應。距前次降息不到一月，頻繁降息後，當降息公布後，對股市的利多已經釋放並沒有改變股市的局面。

（5）GDP 增長率不能反應在 CSV 中，主要原因是在 2005 年至 2007 年這三年中，GDP 的增長率之間的差額並沒有大的變化，而流通股票總市值增長了 8.41 倍。這一事實表明：近幾年中國股市的牛市基礎是，持續健康的經濟增長和其他偏好的宏觀經濟指標，以及上市公司業績的持續增長或超預期增長，而非經濟增長率一年比一年的增加。

（案例來源：重慶工商大學投資理財綜合實訓課程主講教師唐平、許曉靜編寫）

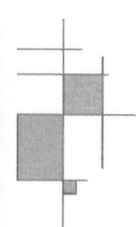

第五篇

實驗報告匯編

金融工具與投資理財實驗報告
(見二維碼)

理財規劃與投資模擬綜合設計一
(見二維碼)

理財規劃與投資模擬綜合設計二
(見二維碼)

理財規劃與投資模擬綜合設計三
(見二維碼)

參考文獻

［1］中國就業培訓技術指導中心. 理財規劃師基礎知識［M］. 北京：中國財政經濟出版社，2011.

［2］唐平. 投資理財綜合實訓［M］. 2版. 成都：西南財經大學出版社，2018.

［3］張阿芬，傅慶陽. 個人理財［M］. 廈門：廈門大學出版社，2016.

［4］蘇躍輝，徐丹. 投資理財理論與實務［M］. 北京：經濟管理出版社，2017.

［5］張惠蘭，田豔霞. 投資與理財［M］. 北京：北京理工大學出版社，2017.

［6］張壬癸. 金融理財規劃實務［M］. 鄭州：鄭州大學出版社，2016.

［7］樓裕勝. 徵信技術與實務［M］. 北京：中國金融出版社，2018.

［8］郭靜林. 銀行信貸業務實驗教程［M］. 成都：西南財經大學出版社，2016.

國家圖書館出版品預行編目（CIP）資料

投資理財仿真教材：含中國案例 / 許曉靜 編著. -- 第一版.
-- 臺北市：財經錢線文化, 2020.06
　　面；　公分
POD版

ISBN 978-957-680-446-5(平裝)

1.投資 2.理財

563.5　　　　　　　　　　　　　　　　109007481

書　　名：投資理財仿真教材：含中國案例
作　　者：許曉靜 編著
發 行 人：黃振庭
出 版 者：財經錢線文化事業有限公司
發 行 者：財經錢線文化事業有限公司
E-mail：sonbookservice@gmail.com
粉 絲 頁：　　　　　　網　址：
地　　址：台北市中正區重慶南路一段六十一號八樓 815 室
8F.-815, No.61, Sec. 1, Chongqing S. Rd., Zhongzheng
Dist., Taipei City 100, Taiwan (R.O.C.)
電　　話：(02)2370-3310　傳　真：(02) 2388-1990
總 經 銷：紅螞蟻圖書有限公司
地　　址：台北市內湖區舊宗路二段 121 巷 19 號
電　　話：02-2795-3656　傳真：02-2795-4100　　網址：
印　　刷：京峯彩色印刷有限公司（京峰數位）

　　本書版權為西南財經大學出版社所有授權崧博出版事業股份有限公司獨家發行電子書及繁體書繁體字版。若有其他相關權利及授權需求請與本公司聯繫。

定　　價：300元
發行日期：2020 年 06 月第一版
◎ 本書以 POD 印製發行